역사를 뒤바꾼 못 말리는
천재 이야기

김상운 지음

차 례

프롤로그 7

1. 바보 아닌 천재는 없다 | 못 말리는 과학자들

01 **알버트 아인슈타인** | 집 전화번호도 못 외우는 남자 13
02 **아이작 뉴턴** | 돌아서면 잊어버리는 사람 24
03 **제레미 벤담** | 동물을 더 사랑한 대인공포증 환자 35
04 **토마스 알바 에디슨** | 귀먹고도 오히려 행복해 한 발명가 43

2. 정신 병동에 모인 정복자들 | 엽기적인 정치가들

01 **나폴레옹 보나파르트** | 세 시간 이상 잠들지 못했던 조울병 환자 52
02 **호레이쇼 넬슨** | 마취도 없이 팔을 잘라 낸 독종 72
03 **크리스토퍼 콜럼버스** | 가는 곳마다 살인을 자행했던 살인마 88
04 **윈스턴 처칠** | 술 담배 없이는 살 수 없었던 알코올중독자 101
05 **칭기즈칸** | 공포의 기마대, 치고 빠지기의 명수 113

3. 스스로의 감옥에 갇혀 지낸 거장들 | 문인, 음악가들

01 **버지니아 울프** | 강물에 걸어 들어가 죽은 우울병 환자 132
02 **어니스트 헤밍웨이** | 변기에 총질을 해댄 다혈질의 소유자 139
03 **볼프강 아마데우스 모차르트** | 입에 욕을 달고 산 천재 149
04 **루드비히 반 베토벤** | 왕족도 무시한 천상천하 유아독존 157

역사를 뒤바꾼 못 말리는
천재 이야기

역사를 뒤바꾼 못 말리는 천재 이야기

초판 1쇄 발행일 | 2005년 4월 25일
개정판 발행일 | 2008년 4월 03일

지은이 | 김상운
펴낸이 | 하태복
편 집 | 최정원

펴낸곳	이가서
주소	서울시 영등포구 양평동2가 37-2 406호
전화 · 팩스	02-336-3502~3 02-336-3009
홈페이지	www.leegaseo.com
등록번호	제10-2539호

ISBN 978-89-5864-256-5 03900

가격은 뒤표지에 있습니다.
저자와 협의하여 인지는 생략합니다.

4. 제멋에 살고 죽는 사람들 | 화가들

01 **미켈란젤로 부오나로티** | 지독한 일중독증 환자이자 완벽주의자 _170
02 **레오나르도 다 빈치** | 인체 해부를 위해 무덤을 뒤진 사내 _177
03 **고흐** | 고독했던 미치광이 _183
04 **파블로 피카소** | 못 말리는 바람둥이 _191

5. 천하를 호령했던 여걸들 | 여성 위인들

01 **엘리자베스 1세** | 아름답다는 소리 안 들어도 좋아 _206
02 **예카테리나 대제** | 무능한 남편 죽이고 황제가 된 여걸 _218
03 **빅토리아 여왕** | 해가 지지 않는 나라를 건설한 철의 여왕 _236

6. 너무나 미국적인 대통령들 | 미국의 대통령들

01 **조지 워싱턴** | 틀니 발전에 공헌한 충치 대장 _244
02 **앤드루 잭슨** | 지고는 못 사는 싸움 대장 _252
03 **에이브러햄 링컨** | 성질이 장난 아니었던 성질 대장 _265
04 **테어도어 루즈벨트** | 총 맞고도 연설을 강행한 쇼맨십 대장

에필로그 _294

프롤로그

청소년의 미래를 위한 작은 거울

미국 유타 주에 킴 피크Kim Peek라는 남자가 살고 있다. 올해 54세로 자폐증 환자이다. 하지만 그는 놀라운 암기력의 소유자다. 역사, 지리, 스포츠, 음악, 문학 등 어떤 분야의 무엇을 물어봐도 척척 대답한다. 또한 거미줄처럼 복잡하게 얽혀 있는 미국의 숱한 고속도로망을 모조리 기억하고 있다. 그뿐인가? 그 사람 앞에서는 전화번호부와 우편번호부를 찾을 필요도 없다. 그에게 물어보면 대답이 척척 나오기 때문이다. 그가 읽은 책은 7,600권 정도 되는데, 거의 모든 책의 내용을 기억하고 있다. 놀라운 사람이다. 그래서 1988년에는 그를 바탕으로 〈레인 맨Rain man〉이라는 영화까지 만들어졌다. 미국 우주항공국NASA은 현재 그의 두뇌를 연구 중이다. 기억력에 관한 한 그는 분명 천재이다.

하지만 킴 피크는 위인이 아니다. 암기력을 빼면 오히려 바보에 가깝다. 전등을 끄지도 못하고, 혼자서 옷을 입지도 못한다. 어린이들도 간단하게 할 수 있는 일상의 사소한 일들을 혼자서 하지 못하는 것이다. 천재가 위인으로 꼽히려면 사회나 국가에 대한 공헌도가 높아야 한다. 이런 공헌도를 높이려면 천재의 재능에 맞는 사회적, 제도적 환경이 갖춰져야 한다.

우리 사회는 천재들이 재능을 발휘하기 좋은 여건을 갖추고 있는가? 모든 게 획일적이지는 않은가? 만일 학교에서 선생님께 엉뚱한 질문만 해대는 에디슨이 우리 사회에 살았다면? 어머니의 가정교육만으로 자라는 그를 과연 우리 사회가 인정해 주고 받아들였을까? 만일 뉴턴이 우리나라의 빈 대학 강의실에서 혼자 강의를 한다면? 십중팔구 그를 미치광이라고 낙인찍어 교정에서 쫓아낼 것이다. 고흐가 백여 년이 지나서야 인류 최고의 천재 화가로 인정받았던 것은 불행한 일이다. 하지만 당시 프랑스 사회는 미치광이 화가에게 최소한 돌팔매질은 하지 않을 정도의 양식은 갖추었던 분위기였다. 그래서 후세에나마 재능을 인정받을 수 있었던 것이다.

위인들도 알고 보면 단점이 많은 사람들이다. 보통 사람들보다 오히려 더 괴팍하고 유별난 점도 많다. "천재는 비정상이다Genius is an anomaly"라는 말은 그래서 나왔다. 그러나 우리는 학교에서나 가정에서 위인들의 좋은 점에 대해서만 듣고 배운다. 위인들은 모두 자랄 때부터 모범적인 사람들이었다고 배운다. '위인'이라는 틀을 만들어 놓고 어린이들에게 그 틀에 맞추도록 강요한다. 천재가 지닌 재능은 적절한 환경에서만 꽃필 수 있다. 각 개인이 지닌 특유의 장점과 개성을 살려 주고 북돋아 줘야 재능이 발휘되고 그 사회가 발전한다. 이 책은 위인들의 모범적인 얼굴 이면에 어떤 얼굴이 숨겨져 있었는지도 조명하고 있다. 허물 많은 사람도 위인이 될 수 있다는 사실을 그대로 보여 주고 있는 것이다. 우리가 역사를 읽고 즐기는 가장 큰 이유는 교훈을 얻기 위해서일 것이다. 교훈이 없는 역사 공부는 말짱 공염불이다. 이 책이 보다 나은 우리의 미래를 위한 작은 거울이 되었으면 얼마나 좋을까 하는 바람을 가져 본다(선유야, 제현아! 너희들도 이 책 읽어 보고 용기를 얻어라).

— 김상운

바보 아닌 천재는 없다
못 말리는 과학자들

01 알버트 아인슈타인

1879~1955.
광전효과 연구와 이론물리학에 기여한 업적으로 1921년 노벨 물리학상 수상.
상대성원리를 발견해 뉴턴과 함께 현대 물리학의 양대 거두로 불림.

집 전화번호도 못 외우는 남자

집 못 찾아 엉뚱한 집에 들어가

사진은 아인슈타인이 1955년 세상을 떠날 때까지 살던 집이다. 그가 이 집 주소를 외우지 못해 하루 일과를 마치고 퇴근할 때 종종 엉뚱한 이웃집에 들어가곤 했다는 일화는 유명하다(112 Mercer Street in Princeton. 이렇게 간단한 주소를 못 외우다니). 그는 주소를 잊으면 주로 대학 사무실에 전화를 걸어 물어보곤 했다. 또한 자주 길을 물어야 하는 사실을 몹시

아인슈타인의 살던 집

쑥스러워했다.

"혹시 알버트 아인슈타인 집에 어떻게 가는지 아세요?"

"모르겠어요. 누구시죠?"

"…"

"여보세요. 누구십니까?"

"저… 제가 아인슈타인 교수인데 귀가하다가 길을 잃어버려서…."

아인슈타인이 번번이 길을 잃자 사무실 직원들은 그에게 약도를 메모해 두라고 권했지만 무슨 이유인지 길을 잃기는 마찬가지였다. 그는 자신의 전공 분야를 빼고는 사회생활 면에서는 마치 어린아이 같은 행동을 했고, 물건을 잃는 일도 다반사였다. 언젠가는 대서양 횡단 호화유람선의 리셉션 룸에 돌연 잠옷 차림으로 나타나 많은 사람들을 민망하게 하기도 했다(자기 집 안방으로 착각).

그의 건망증은 악명이 높았다. 언젠가 한 동료가 그의 집 전화번호를 물었다. 그는 잠시 고개를 갸웃거리더니 전화번호부를 집어 들었다.

"아니, 여보게. 자네는 집 전화번호도 아직 모르나?"

"모르네. 전화번호부를 펼치면 금방 찾을 수 있는 걸 뭐하러 굳이 외운단 말인가?"

정말 그랬다. 그는 2분 이내에 책을 보면 찾을 수 있는 것은 절대로 외우지 않는다고 평소 늘 말해 왔다. 그는 록펠러 재단에서 받은 1,500달러짜리 수표(당시에는 엄청난 거금!)를 잃어버리기도 했다. 책을 읽으면서 책갈피로 사용하다가 그만 책을 분실했던 것이다.

그가 프린스턴 시에 살고 있을 때의 일이다. 어느 날 보스턴행 기차를 탔다. 기차에는 올랐지만 차표를 어디에 넣어 뒀는지 영 기억이 나지 않았다. 그가 호주머니를 이리저리 모두 뒤지고, 몸 이곳저곳도 찔러보며 부산을 떨자 차장이 다가왔다.

"박사님, 차표를 잃어버리신 모양이군요?"

"아, 저 어느 곳에 넣어 뒀는지 생각이 안 나서…. 분명히 호주머니에 넣어 둔 것 같은데…."

"걱정 마십시오, 박사님. 박사님 같은 분이 거짓말하실 리는 없을 테니까요."

아인슈타인은 안도하는 듯했다. 하지만 차장이 제자리로 돌아가고 나서 잠시 후, 아인슈타인은 바닥에 무릎을 꿇은 채 자신의 좌석 아래를 마구 뒤져가며 또 부산을 떨고 있는 것이 아닌가? 차장이 다시 다가가 바짝 구부린 아인슈타인의 등을 가볍게 치며 말했다.

"박사님, 걱정 마시고 그냥 타시라니까요. 차표는 없어도 됩니다."

"아유, 고맙습니다. 허나 차표를 꼭 찾아야 돼요."

"아니, 왜요?"

"차표를 봐야 내가 어디 가는지를 알 수 있으니까요!"

물리학 천재가 어릴 땐 바보?

그는 이렇게 건망증이 심하면서도 자신의 전공 분야에서는 마치 레이저처럼 집중했다. 이런 집중력 덕분에 그는 스위스 베른 특허국 직원으로 근무하던 1905년 '특수상대성이론 Special Theory of Relativity'을 발표했다. 일과가 끝난 시간에 틈틈이 연구에 몰두한 결과였다. 1916년에는 이를 더욱 발전시켜 '일반상대성이

아인슈타인

론General Theory of Relativity'을 내놓았다. 그는 상대성 이론을 통해 빛은 중력에 의해 휜다고 분석했다. 예를 들어 일식이 일어나면 태양 둘레를 지나는 빛이 1.745초만큼 휜다는 것이었다. 1919년 영국 과학자들이 관측해 보니 정말 태양에 가까운 별빛일수록 많이 휜다는 사실이 확인되었다. 그뿐 아니다. 시간도 중력에 의해 변화한다는 사실도 밝혀졌다. 이후 미국 과학자들이 1975년부터 2년간 그의 주장이 맞는지 실험해 봤다. 비행기에 원자시계를 싣고 일정한 고도로 비행하면서 지상의 원자시계와 3분마다 대조해 보니, 실제로 비행 중인 시계가 1시간마다 10억 분의 1초씩 더 빨리 간다는 사실이 입증되었다. 공간(빛이 직진하는 틀)과 시간은 중력에 따라 상대적으로 달라진다는 그의 이론은 20세기 과학발전의 새 지평을 여는 계기가 됐다.

아인슈타인은 과연 정상적인 두뇌의 소유자였을까? 영국 캠브리지 대학의 배런-코힌Simon Baron-Cohen 교수와 옥스퍼드 대학의 연구팀은 그가 가벼운 형태의 자폐증인 애스퍼거 증후군Asperger's Syndrome을 앓았다고 분석했다. 아인슈타인은 혼자 있기를 좋아했으며, 어릴 땐 똑같은 문장을 몇 번씩 되풀이하곤 했다는 것이다. 특히 애스퍼거 증후군 환자들은 잡담이나 한담을 늘어놓지 못한다. 논리에 맞고 사고력이 요구되는 대화에 집착하는 것이다. 그는 만 3세가 될 때까지 말도 못했다. 9세가 돼서도 말이 어눌하고 너무 느려 부모는 그가 저능아일지도 모른다고 걱정했었다. 또한 혼자서는 구두끈도 제대로 매지 못했다. 어떤 과학자들은 그의 둘째 아들 에두아르드Eduard가 정신분열증에 걸려 정신병원에서 살다가 세상을 떠난 사실을 들며, 그의 집안에 정신질환의 피가 흐르고 있다고 주장하기도 했다.

뭘 입든 무슨 상관이야?

아인슈타인은 옷차림에 무척 무신경했다. 보다 못한 아내가 어느 날 출근하는 남편을 보고 한마디 했다.

"여보, 당신도 이제 유명 인사고 하니 제발 옷 좀 폼 나게 입고 다니세요. 몇 달 동안 매일 똑같은 옷만 입으면 어떡해요?"

"그럴 필요가 뭐 있소? 직장에 가면 내가 누군지 다 아는데?"

그러다가 아인슈타인이 처음으로 중요한 국제학술회의에 참석하는 날이 왔다. 또 똑같은 옷을 입고 나서려는 남편에게 부인이 말했다.

"여보, 오늘 회의는 정말 중요한 행사 아니에요? 외국의 유명한 사람들이 다 모이는데? 오늘은 꼭 말끔한 양복으로 좀 갈아입으세요."

"그럴 필요가 뭐 있단 말이오?"

"아니 그게 무슨 말이에요?"

"거기선 아무도 날 모르잖소? 내가 뭘 입든 상관없을 테니 걱정 말아요."

그는 옷뿐 아니라 양말도 잘 신고 다니지 않았다. 여름이면 주로 맨발에 샌들을 신고 출근했다. 어느 날 발 냄새가 풀풀 풍기자 한 동료교수가 어렵게 말을 꺼냈다.

"여보게. 아니 왜 양말을 신고 다니지 않는가?"

"난 어릴 때부터 양말을 잘 신지 않네."

"그럼 땀 냄새가 심하지 않은가?"

"어릴 때 엄지발가락이 자꾸 양말을 뚫고 삐져나오곤 했어. 그 이후론 웬만하면 그냥 맨발로 구두를 신네."

그는 금전 문제에도 관심이 없었다. 1932년 미국의 프린스턴 대학이 그에게 교수자리를 제의하며, 연봉은 얼마를 주면 되겠느냐고 물었다. 그는 3,000달러 정도면 된다고 대답했다.

그러자 아내 엘사가 개입해 다섯 배가 넘는 16,000천 달러로 끌어올렸다. 1933년 독일의 히틀러가 정권을 잡으면서 유대인 과학자들을 대거 파면시켰다. 이 조치로 독일 이론물리학자들의 절반이 쫓겨났다. 그래서 아인슈타인도 미국에 눌러 살 수밖에 없었다.

"유대인들이 없어서 과학을 못한다 해도 괜찮아. 몇 년간 과학을 못해도 상관없어."

히틀러는 이렇게 큰소리쳤다. 만약 그가 이런 오판을 하지 않았다면 미국보다 한발 앞서 핵폭탄을 개발해 냈을지도 모른다.

아인슈타인은 2차 세계대전 당시 핵폭탄 개발에 직접 참여하지는 않았지만, 나치독일이 먼저 핵폭탄을 만들게 될 위험성을 크게 우려했다. 그래서 루즈벨트 대통령에게 핵폭탄 제조를 건의하게 됐고, 미국은 핵폭탄을 만들어 일본에 투하했다. 그는 그 일을 평생 후회하면서 앞으로 전쟁이 벌어지면 더 큰 재앙이 닥칠 것이라고 경고했다.

"난 인류가 3차 대전을 어떤 방식으로 치르게 될지 모릅니다. 하지만 4차 대전은 막대기와 돌멩이로 싸우게 될 것이란 것만은 알고 있죠."

즉, 3차 대전이 일어나면 지구가 초토화돼 원시시대로 되돌아갈 것이라는 경고였다.

바람 피우기도 천재급?

아인슈타인은 이론물리학 분야에서는 인류 사상 최고의 천재로 꼽혔지만, 성인군자는 아니었다. 남들 눈을 피해 몰래 창피한 짓도 꽤 많이 했다. 바로 여자문제. 그는 첫 부인인 밀레바 Mileva Maric와 결혼해 아이를 셋이나 두었지만, 부인 몰래 바람을 피웠다. 부인과 사이가 멀어지자 자신이 묻는 말에만 대꾸하도록 규정을 만들어 놓기도 했다. 결국 그는 이런 상태로 5년간 바람을 피우다 파경을 맞았다. 이혼하고 난 이후 노벨 물리학상 상금 32,000달러를 모두 전 부인에게 위자료로 주었다. 그와 바람을 피우다

1924년 아인슈타인이 베티에게 쓴 연애편지

재혼한 여자는 사촌인 엘사Elsa Lowenthal였다. 그녀도 전 남편과 이혼한 뒤 두 아이를 데리고 재혼을 했다. 하지만 그녀도 아인슈타인의 타고난 바람기에 희생되고 말았다. 아인슈타인이 재혼한 뒤에도 무려 36년간에 걸쳐 다른 여자들과 밀애를 즐겼던 사실이 그의 편지를 통해 드러나고 있다.

아인슈타인이 첫 부인과 낳은 아이들은 어떻게 됐을까? 첫째인 딸은 어릴 때 성홍열로 죽었다(결혼 전에 낳아 입양시켰다는 소문도 있다). 첫아들 한스는 1938년 미국으로 건너갔다. 둘째 아들 에두아르드는 매우 섬세한 성격으로 의학을 전공해 심리학자가 되려는 꿈을 갖고 있었다. 그러나 20세 때 정신분열증 증세를 보여 스위스의 취리히 정신병원에 입원해 살다가 1965년 사망했다. 아인슈타인은 아이들에게는 그리 자상하지 못한 아버지였지만, 그래도 그의 자식들은 어릴 적에 헤어진 아버지를 무척 그리워했다고 한다.

※ **아인슈타인의 두뇌는 어디에 있을까?**

아인슈타인은 1955년 4월, 76세를 일기로 세상을 떠났다. 그는 죽기 전 유언을 남겼다. 시신을 화장해 가까운 강에 뿌릴 것, 묘지나 묘비는 절대 만들지 말 것, 장례식도 치르지 말 것, 두뇌는 제거해 과학발전에 이용토록 할 것 등이었다. 이에 따라 프린스턴 대학 병원의 토마스 하비Thomas Harvey 박사가 그의 뇌를 제거해 방부제인 포름알데히드에 넣어 병원에 보관해 두었다. 그러다가 나중에는 캔자스 주 자택으로 가져가 여러 조각으로 나눠 보관했다. 몇 년 전 캐나다 맥매스터 대학의 과학자들이 그의 두뇌를 평균적 지능을 가진 남녀 91명과 비교해 보니 크기에는 차이가 없었다. 다만 아인슈타인의 두뇌는 수학·공간적 사고를 관장하는 부분이 다른 사람들보다 15% 더 컸고, 보통 사람들과는 달리 전두엽과 측두엽 사이에 주름이 없었다. 과학자들은 그의 수학적 두뇌 회전이 빨랐던 것은 그 때문이 아닌가 분석하고 있다. 그의 두뇌를 보관하고 있던 하비 박사가 사망한 이후 조각난 두뇌를 이곳저곳에 나눠 주거나 팔아버려 행방이 뚜렷하지 않은 상태이다.

*아인슈타인은 왜 이스라엘 대통령직을 거부했을까?

유대인이었던 아인슈타인은 1920년대부터 시작된 시온주의(Zionism, 팔레스타인 땅에 유대 국가를 건설하자는 운동)의 강력한 지지자였다. 그는 예루살렘 히브리 대학 창립에 핵심적인 역할을 하기도 했다. 1952년 이스라엘 정부는 와이즈만Chaim Weizmann 초대 대통령이 사망하자 아인슈타인에게 2대 대통령직을 제의했다. 하지만 그는 대통령이 되고 싶은 욕심도 없었고, 건강도 허락하지 않았다. 실제로 그는 1949년부터 건강이 크게 악화되어 대통령직 제의를 받은 3년 후 동맥파열로 별세했다. 그는 이스라엘 정부의 대통령직 제의를 모욕으로 생각해 몹시 화를 냈다고 한다. 자신이 받아들이지 못할 걸 뻔히 알면서 왜 그런 제의를 하느냐는 이유에서였다. 이후 그가 갖고 있던 모든 과학 문서는 유언에 따라 히브리 대학에 기증됐다.

02 아이작 뉴턴

1642~1727.
영국의 물리학자·천문학자·수학자. 땅에 떨어지는 사과를 보고 중력의 법칙 발견.
『광학(1704)』, 『자연철학의 수학적 원리(프린키피아, 1687)』 등을 저술.

돌아서면 잊어버리는 사람

말고삐만 잡고 집에 돌아오다니

뉴턴은 어릴 때 공부를 지지리도 못했다. 공부 대신 혼자서 그림을 그리거나 장난감을 만들고 놀았으며, 연 속에 램프를 넣어 날린 적도 있었다. 그의 생활기록부에는 "게으르고 주의력이 없음idle and inattentive"이라고 기록돼 있다. 그는 친구들과 어울려 놀지도 않았으며, 반에서 꼴찌를 맴돌았다. 그러던 어느 날 평소 힘없는 아이들을 못살게 굴던 덩치 큰 녀석이 다짜고짜 뉴턴의 배를 힘껏 걷어차는 것이 아닌가?

"억!"

뉴턴은 배를 움켜쥐고 주저앉았다.

"왜 때려?"

뉴턴이 주저앉은 채 물었다. 발길질한 녀석은 싱글싱글 웃고 있었다.

"바보!"

순간 뉴턴은 화가 치솟았다. 아무 이유 없이 발길질을 가하다니. 뉴턴은 같은 또래보다 키가 작고 깡마른 편이었다.

"이 나쁜 녀석!"

싱글거리던 덩치 큰 녀석이 순간 뒤로 벌렁 넘어졌다. 뉴턴이 번개처럼 벌떡 일어서면서 머리로 녀석의 가슴을 젖 먹던 힘을 다해 들이받았기 때문이었다. 뉴턴은 쓰러진 녀석의 몸에 올라타 사정없이 주먹을 내질렀다. 어찌나 얻어맞았던지 녀석은 엉엉 울기 시작했다. 그 뒤로 뉴턴을 건드리는 아이는 아무도 없었다. 기세등등한 뉴턴을 지켜보던 담임선생님이 하루는 그를 불렀다.

"이봐, 뉴턴. 나쁜 아이를 이겨 낸 건 잘한 거야. 이제 공부로도 이겨 보지 않을래?"

뉴턴은 그때부터 공부에 몰두하기 시작했다. 그 녀석을 공부로도 혼내 줄 것이라고 결심했다. 정말 그렇게 결심한 지 얼마 안 가 뉴턴은 반에서 가장 공부 잘하는 아이가 되었다.

그러던 중 뉴턴의 양아버지가 세상을 떠났다. 혼자 농사일을 짓기 힘겨웠던 어머니는 뉴턴의 학교를 중단시키고 농사를 짓도록 했다. 하지만 뉴턴은 농사에는 영 흥미가 없었다. 늘 읽고 있던 책을 생각하거나 어떤 기계를 만들어 볼까에만 골똘했다. 어느 날 어머니가 그에게 들판에 매어 놓은 말을 끌어오라고 일렀다. 뉴턴은 말의 고삐를 잡아끌며 또 생각에 빠졌다. 그리고는 집에 도착했다. 어머니가 그를 보며 물었다.

"뉴턴, 말은 어디 있니?"

"여기 있잖아요?"

"얘, 그건 말고삐잖니? 말고삐만 들고 오면 뭐하니?"

뉴턴은 깜짝 놀랐다. 정말 말은 보이지 않았고, 말고삐만 잡은 채 집으로 걸어왔던 것이다. 어머니는 혀를 차며 들판을 향해 내달렸다. 아들이 농사일에는 통 맞지 않는다는 사실을 깨달은 어머니는 그를 다시 학교에 보내기로 결심했다.

빈 강의실에서 열심히 강의

뉴턴은 18세에 캠브리지 대학에 진학했다. 그곳에서 교수들의 심부름을 해주고, 구두를 닦았으며 식사를 날라다 주는 등의 잡일을 해서 번 돈으로 기숙사 비를 댔다. 그는 점점 수학과 물리학에 탁월한 재능을 발휘했다. 교수들이 채 가르쳐 주기도 전에 스스로 깨우쳐 사람들을 놀라게 했다. 그는 학부를 졸업한 뒤 대학원에 진학할 생각이었지만, 1665년 흑사병이 런던을 강타해 이윽고 캠브리지 대학까지 위협하자, 휴교령이 내려졌다. 뉴턴은 어쩔 수 없이 어머니의 농장으로 돌아가

2년 가까이 지냈다. 그의 위대한 업적은 대부분 이 기간 중 사색과 실험을 통해 싹튼 것이었다. 어느 날 그가 정원에 앉아 달은 왜 지구를 돌고 있을까 골똘한 생각에 잠겨 있을 때였다. 그런데 사과 한 개가 툭 떨어졌다.

"사과는 왜 밑으로만 떨어지고 위로는 떨어지지 않을까?"

"사과는 아래로 떨어지는데 달은 왜 안 떨어질까?"

이런 생각 끝에 지구에는 모든 물건을 잡아끄는 힘이 있다는 이른바 만유인력의 법칙을 발견하게 됐던 것이다.

뉴턴은 캠브리지 대학에 복귀한 뒤 수학 교수가 됐다. 그는 학문에 갈수록 깊이 빠지면서 친구들이 더욱 적어지고 건망증도 심해졌다. 일단 연구에 몰두하기 시작하면 다른 일은 안중에도 없었다. 식사를 잊는 일은 다반사였고, 때로는 며칠 밤을 꼬박 지새는 경우도 많았다. 학생들과 인사차 주고받는 말도

만유인력의 법칙을 발견한 뉴턴

거의 없었다. 학생들이 자신의 강의를 이해하지 못하면 버럭 화를 내기도 했다. 그러니 그의 강의가 인기 있을 리 만무였다. 그는 자신의 강의를 듣는 학생들이 아무도 없는 경우에도 강의를 강행했다. 텅 빈 강의실에 대고 혼자서 강의를 했던 것이다! 그러니 많은 학생들이 그가 미쳤다고 생각할 수밖에. 그가 교정을 지나가면 실제 노골적으로 놀려대는 학생들도 많았다.

"얘, 저거 봐. 미친 교수 지나간다!"

"어디? 오늘도 혼자 강의하나?"

온데간데없는 닭찜 내가 먹었나?

어느 날 친구인 스터클리Stukely 박사가 그의 집을 방문했다. 하인이 나와 뉴턴이 서재에서 연구에 몰두하고 있으니 기다리라고 전했다. 뉴턴은 연구를 방해하면 몹시 불쾌하게 반응하는 습성이 있었다. 저녁때인지라 잠시 후 하인이 뉴턴의 저녁 식사를 들고 나왔다. 김이 모락모락 나는 닭찜이었다. 하인은 닭찜 그릇을 탁자 위에 올려놓고 나가버렸다. 그런데 뉴턴은 한 시간이 지나도 나오지 않았다. 스터클리 박사는 배에서 꼬르륵 소리가 나자 망설이다가 닭찜을 먹어버렸다. 얼마

후 드디어 뉴턴이 나타났다.

"어이구, 스터클리 박사. 자네가 저녁에 웬일인가? 잠시만 기다리게. 내 얼른 저녁 식사만 끝내고 얘기하세. 난 지금 너무 피곤해 쓰러질 지경이거든."

시장했던 뉴턴은 닭찜 그릇 뚜껑을 열었다. 하지만 뼈다귀밖에 남아 있지 않았다. 뉴턴은 얼굴이 벌게져 머리를 긁적거리며 말했다.

"아참, 내가 아까 저녁을 먹었었군. 연구에 몰두하다 보니 내가 저녁을 먹었다는 걸 깜빡 잊었었네."

그러자 스터클리 박사가 민망한 듯 머리를 긁적거리며 말했다.

"아니네. 사실 닭찜을 내가 먹었다네. 자네가 먹었던 건 아니야."

뉴턴은 자신이 식사를 했는지의 여부도 기억하지 못하고 있었던 것이다.

그날은 집에 찾아온 손님들과 저녁을 하는 중이었다. 포도주가 떨어진 것을 본 뉴턴이 일어서며 말했다.

"내가 지하실에 가서 포도주 한 병을 더 가져올 테니 좀 기다리게."

하지만 15분이 지나도 뉴턴은 돌아오지 않았다. 혹시 지하실에 가다가 넘어지기라도 한 것이 아닐까? 나중에 알고 보니 뉴턴은 엉뚱하게도 근처 예배당에 가서 기도를 드리고 있었다. 손님들과 식사하던 중이라는 걸 까맣게 잊은 채….

이런 심한 건망증에도 불구하고 그의 뛰어난 학문적 재능은 널리 인정받았다. 1688년 명예혁명 때는 대학 대표의 국회의원으로 선출되고, 1699년에는 조폐국 장관에 임명됐다. 그 뒤 왕립협회 회장을 지내기도 했으며, 1705년에는 기사 작위도 받았다.

뉴턴 역시 경증 자폐증?

그의 옆집에는 한 늙은 과부가 살고 있었다. 어느 날 왕립학회의 회원인 한 과학자가 그 과부 집을 방문했다. 대화 중 그 과부가 창가로 그를 끌더니 이웃집을 가리키며 말했다.

"저 집 좀 들여다보세요. 저 사람은 미친 사람이에요. 해만 뜨면 저렇게 의자에 앉아 비누 거품을 불어대며 바라보고 있으니. 어린아이도 아닌 늙은이가."

과부가 가리키는 집을 들여다본 과학자는 깜짝 놀랐다. 그 유명한 뉴턴이었던 것이다.

"저분은 미친 사람이 아니라 뉴턴 경이에요. 지금 빛의 굴절을 연구하는 중인가 보오. 비누 거품 표면에 나타나는 현상이죠."

외모로만 사람을 판단했던 그 과부는 머쓱해지고 말았다. 뉴턴은 이렇게 빛의 굴절을 연구한 끝에 뉴턴 식 반사망원경을 만드는데도 성공해 천체 관측에 크게 공헌했다. 그가 쓴 「빛과 색의 새 이론」이라는 논문은 백색광이 7색의 복합이라는 사실과 단색이 존재한다는 사실을 처음으로 밝힌 것이었다.

그러나 그의 괴팍한 성격은 여전했다. 그는 몇몇 안 되는 친구들에게 우유부단하거나 버럭 성내는 경우가 다반사였다. 자신이 이룩한 학문에 대해 칭찬을 늘어놓으면 흐뭇해하다가도 비판을 가하면 쉽게 짜증스런 표정으로 돌변했다. 50세에는 우울증과 편집증으로 신경쇠약에 걸리기도 했다. 캠브리지 대학의 배런-코힌 박사와 옥스퍼드 대학의 제임스Ioan

James 박사는 뉴턴이 전형적인 애스퍼거 증후군 환자였다고 지적한다. 가벼운 자폐증이라고. 애스퍼거 증후군 환자는 크게 세 가지 증세를 보인다. 첫째, 다른 분야에는 별 관심이 없으면서 특정한 지적 분야에 집착적으로 강한 흥미를 보인다. 둘째, 사교성이 없다. 셋째, 다른 사람과의 의사소통에 문제가 있다. 수학과 물리학에만 남다른 관심을 보이면서 남들과의 대화를 지극히 싫어하는 뉴턴은 이 세 가지 증세를 모두 보였다는 분석이다.

어머니는 그를 미숙아로 낳았다. 그가 과연 며칠이나 살아있을 것인지 의사들도 장담할 수 없었다. 그런 그가 당시 평균수명의 두 배 정도인 84세까지 장수했을 뿐 아니라, 인류 역사상 가장 위대한 과학자 중 하나로 손꼽히게 돼다니!

---

*뉴턴의 2060년 세계 종말론

뉴턴은 과학자이면서 신학자이기도 했다. 그는 성경이 신의 계시를 담고 있다고 믿고 50년간에 걸쳐 성경을 해독하는 데 많은 시간을 할애했다.

그가 요한계시록을 해독한 결과에 따르면 세계의 종말은 대규모 유행병과 화재, 선과 악간의 대결전Armageddon, 사악한 자들에 대한 파괴와 영원한 저주를 거쳐 2060년 마침내 닥치게 된다는 것이다. 그런 다음 예수의 재림the Second Coming of Christ이 실현되고, 성인들saints이 천년간 지구를 다스리게 된다. 이같은 내용은 예루살렘의 히브리 국립도서관Hebrew National Library에 소장된 뉴턴의 라틴어 원고 초안에 담겨 있는데, 2003년 영국의 BBC가 이를 입수해 처음으로 방영했다.

* 유럽을 초토화시킨 흑사병 Black Death

뉴턴을 휴학토록 한 1665년 흑사병은 유럽에 닥친 마지막 발병이었다. 이보다 3세기 앞서 14세기 중기에 유럽 전역에 유행한 흑사병은 유럽 인구의 최소한 1/3을 사망케 했다. 특히 영국의 경우 인구 중 절반 이상이 숨졌다. 흑사병은 1338년 중앙아시아의 고비 사막에서 처음 발병해 중국과 인도를 거쳐 1347년 이태리에 전염됐다. 바로 이듬해에는 프랑스, 독일, 영국 등으로 급속히 번졌고, 1350년 러시아에서 소멸됐다.

흑사병이 유럽으로 전파된 경로는? 1346년 몽골 군 휘하의 타타르 족 병사들은 크림 반도의 카파 항을 에워싼 채 공략하고 있었다. 당시 카파 항에는 이태리의 제노바 상인들이 집단으로 거주하고 있었다. 타타르 군은 병사들 사이에 흑사병이 퍼져 사망자가 걷잡을 수 없이 늘어나자 시체들을 투석기에 실어 성곽 내로 발사했다. 그러자 성내에서도 흑사병이 순식간에 퍼졌다. 결국 카파 시민들이 몰사하다시피 했고, 생존자들이 이태리로 귀국하면서 이태리 전역에 흑사병이 퍼졌다.

흑사병에 걸리면 몸에 검고 붉은 반점이 생기면서 역한 냄새가 풍기고, 땀과 배설물, 침, 호흡에서도 악취가 진동했다. 많은 유럽인들은 유대인들이 우물에 흑사병 독을 퍼뜨렸다고 여겨 특히 독일에서는 유대인들을 대대적으로 잡아들여 불태워 죽이기도 했다. 흑사병을 신의 저주라고 생각해 웃통을 벗은 채 쇠붙이가 달린 채찍으로 스스로를 마구 휘갈기는 기독교단체들도 생겨났다. 1894년 홍콩에서 흑사병이 유행했을 때 흑사병은 쥐에 기생하는 벼룩이 옮기는 돌림병이라는 사실이 처음 과학적으로 입증됐다. 벼룩 한 마리가 한 번 물면 페스트균이 최고 24,000마리나 전염된다는 사실이 드러난 것이다.

03 제레미 벤담

1748~1832.
공리주의 철학을 창시한 영국의 철학자. 법은 '최대 다수의 최대 행복'을 목적으로 해야
한다고 주장. 「정부론 소고(1776)」, 「도덕과 입법의 원리 서설(1789)」 등을 저술.

동물을 더 사랑한 대인공포증 환자

죽어서도 빠짐없이 회의 참석

아래 유리관 안락의자에 앉아 있는 벤담의 모습은 진짜일까, 가짜일까? 진짜다. 그런데 왜 170년이 훨씬 지난 지금까지 유리관 속에서 우리를 노려보고 있는 걸까? 왼손에 지팡이를 쥔 채…. 그는 죽을 때 자신의 전 재산을 런던에 있는 유니버시티 대학 병원에 기증했다. 그리고 조건을 달았다. 자신이 죽은 뒤 병원 이사회의 모든 회의에 자신의 시신이 반드시 참석해야만 한다는 것이었다. 자신이 기증한 돈이 제대로 쓰이고 있는지 감시하기 위해서였다. 시신을 해부할 때도 반드시 친구들이 곁에서 지켜봐야 한다는 조건도 덧붙였다. 혹시 해부과정에서 장기가 도둑맞거나 바뀔 위험성을 우려해

내건 조건이었다.

병원 측은 벤담의 유지를 받들어 그의 친구들이 지켜보는 가운데 장기들을 모두 끄집어냈다.

"아, 아, 저런, 저런!"

"어휴, 어흑!"

친구들은 끔찍한 해부 장면에 몸서리를 쳤다. 하지만 해부 현장을 지켜보라는 고인의 유언이라 자리를 피할 수도 없었다. 의사들은 장기들을 끄집어낸 뒤 짚을 잔뜩 집어넣어 형체가 유지되도록 했다. 그런 다음 양복을 입혀 마호가니 나무로 짠 직사각형 상자에 집어넣었다. 단 시신의 앞면만큼은 유리문으로 만들었다. 벤담이 이사회 회의를 지켜볼 수 있도록. 그런데 문제가 발생했다. 내부가 제거된 벤담의 얼굴이 너무나 흉측했던 것이다. 파란색 플라스틱으로 만든 눈알은 그런 대로 얼굴에 끼워 넣었지만, 양 볼이 움푹 패인데다 핏자국까지 엉겨 붙어 괴상망측하기 짝이 없었다. 그래서 몸체에서 머리를 떼어 내고 대신 밀랍으로 만든 얼굴을 몸체에 붙였다. 그의 실제 머리는 어디 있냐고? 앞 페이지 사진의 밑바닥 양쪽 발 사이를 자세히 보라! 해골 같은 웬 머리가 두 눈을 부릅뜬 채 쳐다보고 있지 않은가? 그것이 바로 벤담의 실제 얼굴이다.

미라로 만들어 놓은 그의 얼굴과 몸체는 지금까지 유니버시티 대학 병원의 정기 이사회에 빠짐없이 참석해 오고 있다!

벤담의 시신이 자리를 비운 적이 딱 한 번 있었다. 그를 구경하러 왔던 관광객들은 깜짝 놀랐다.

"웬일이지? 그 지독한 구두쇠 벤담이 자리를 비우다니?"

"혹시 화장실에 간 거 아닐까?"

"시체도 화장실을 가야 하나?"

"저거 봐! 유리관에 메모지가 붙어 있어!"

메모지에는 큰 글씨로 '휴가 중Gone on holiday'이라고 적혀 있었다. 세상에! 시체가 휴가를 가다니. 알고 보니 벤담의 미라는 수리를 받기 위해 다른 곳에 옮겨져 있었다. 딱정벌레 떼가 런던을 기습했을 때 유리관 속에 침투해 미라가 약간 손상됐던 것이다.

유니버시티 대학

벤담은 생전에도 시신

에 대한 독특한 생각을 갖고 있었다. 그는 묘지나 관을 만들어 시신을 묻는다는 것은 돈 낭비라고 생각했다. 제자들이 그에게 물었다.

"그럼 사람이 죽으면 어디다 묻어야 하죠?"

"미라처럼 만들어 그냥 길거리에 띄엄띄엄 세워 두는 거지. 가로수 대신."

"행인들이 놀라지 않을까요?"

"놀라긴? 아무 표정 없는 가로수보다 훨씬 낫지. 거리에 세워 둔 인간들을 쳐다보며 걸어 다니는 것이 얼마나 인간적인가?"

여자에게 말 못 걸어 평생 독신

그는 어릴 때부터 유별났다. 3세 때 영국 역사책을 읽기 시작했고, 5세 때는 그리스 어와 라틴 어를 깨우쳤다. 그리고 15세 때 옥스퍼드 대학을 졸업했다. 하지만 허약하기 짝이 없었다. 어린 시절 다리 근육이 발달되지 않아 집 안의 계단을 걸어 올라가지 못하고 흐느적거리며 기어서 올라가곤 했다. 그는 7세 때까지도 간단한 춤도 추지 못할 정도로 약골이었다. 이처럼 맥없이 지내다 보니 사람들을 대할 때 늘 자신감이 없었다. 극도로 부끄럼을 탔다. 특히 여자들에게는 말을 걸지 못했다. 여자들에게 말을 걸 용기를 내지 못해 결국 평생을 독신으로 지냈다(그가 짝사랑하던 여성이 있었지만 단 한 번도 말을 걸어 보지도 못한 채 포기하고 말았다).

그는 친구도 거의 없었지만 어쩌다가 혹시 집에 손님이 찾아오면 안절부절못했다. 특히 한꺼번에 두 명 이상의 손님들이 찾아오면 더욱 곤혹스러워했다.

"뭐? 다섯 사람이나 한꺼번에 날 방문한다고?"

"네, 주인님. 자리를 어떻게 정해 놓을까요?"

"내가 낯익은 사람만 내 자리에 가까이 배치해.

처음 보는 사람은 가급적 얼굴 안 마주치게 의자를 먼 쪽으로 떼어 놓도록. 방문 시간도 정확히 확인해 봐."

벤담은 손님들의 방문 시간과 의자의 배치, 간격 등을 미리 소상히 정해 놓았다. 그렇게라도 하지 않으면 사람을 만난다는 것 자체가 너무도 고통스럽고 불안했기 때문이다. 그는 사람들과 편지를 통해 접촉하는 것도 힘들어했다. 예를 들어 당대의 다른 철학자들에게 온갖 공을 들여 장문의 편지를 써 놓고는 막판에 놀란 자라 움츠러들듯 지레 겁을 먹고 찢어버리기 일쑤였다.

사람은 무서워, 동물들이 내 친구

그러다 보니 만만한 게 동물과 가재도구였다. 그는 사람 대신 동물을 친구로 삼았다. 고양이, 돼지, 쥐 등 동물이란 동물은 거의 모두 그의 절친한 친구가 됐다. 또한 심심할 때마다 쥐를 훈련시켜 하루에도 몇 시간씩 쓰다듬어 주곤 했다. 그의 집에는 그를 졸졸 따라다니는 돼지 한 마리도 있었다. 그 돼지는 마치 강아지처럼 잘 훈련돼 있었다. 주둥이로 방 안의 쓰레기를 물어버리기도 하고, 물건을 가져오라면 가져오기도 했다. 그런 동물들에게 일일이 사람 이름을 붙여 주었다. 그는 그것도 성에 차지 않아 나중에는 가장 좋아하는 고양이 한 마리에게 기사 작위까지 부여했다. 그래서 그 고양이를 늘 '랭본경'이라고 불렀다.

벤담

그는 심지어 주방 용품이나 가재도구에도 일일이 사람 이름을 붙여 주었다. 예를 들어 냄비를 '톰'이라고 부르거나 지팡이를 '존'이라고 부르는 식이었다. 오죽 사람들과 만나는 게 불안하고 겁이 났으면.

그가 주창한 '최대 다수의 최대 행복The greatest good for the greatest number of people'도 그의 지나치게 섬세한 성격을 반영한 것이 아닐까? 즉, 모든 법은 가장 많은 사람들에게 가장 많은 행복을 가져다주는 것을 목표로 해야 한다는 것이다. 그는 정부가 법을 어긴 사람에게 고통을 가함으로써 처벌하려 드는 것도 악이라 보았다. 그런 처벌은 최소화시켜야 한다. 그의 공리주의Utilitarianism 사상은 미국헌법뿐 아니라, 1800년대 후반과 1900년대 초반 진보주의적 혁명가들에게도 심대한 영향을 끼쳤다.

---

*미라 만드는 법

벤담은 사람이 죽으면 미라로 만들어 길거리에 세워 놓아야 돈 낭비를 줄일 수 있다고 주장했다. 그러나 그가 미라 만드는 작업이 얼마나 번거로운지 제대로 알았더라면 그런 말을 못했을 것이다. 고대 이집트에서 미라를 만드는 데는 보통 70일 정도 걸렸다. 왜 그렇게 오래 걸렸을까?

1) 죽은 사람의 왼쪽 갈비뼈 밑을 절개해 심장만 남겨 놓고 간, 허파, 창

자, 위 등 모든 장기를 꺼낸다. 뇌수는 콧구멍에 뾰족한 갈고리를 집어넣어 꺼낸다.

2) 장기를 꺼낸 몸속에 자연산 소금을 헝겊에 싸서 채워 넣는다. 소금은 몸이 썩지 않도록 하는 효능이 있다.

3) 몸 전체를 자연산 소금으로 뒤집어씌워 건조시킨다.

4) 40일쯤 지난 뒤 소금을 걷어 낸다. 딱딱하게 굳어진 몸에 기름과 향료, 송진을 바른다. 몸속 빈 공간에 헝겊을 잔뜩 채워 넣고 봉합한다.

5) 가늘고 긴 붕대로 미라를 둘러싼다. 붕대를 한 겹 감을 때마다 송진을 바른다. 이런 식으로 모두 20겹의 붕대를 감는다.

6) 미라를 보석으로 치장한다.

04 토마스 알바 에디슨

1847~1931.
백열전등, 축음기, 영화 촬영기 등을 만들어낸 미국의 발명가.

귀먹고도 오히려 행복해 한 발명가

사형 집행 전기의자도 에디슨 작품?

에디슨이 일생 동안 특허를 낸 발명품은 무려 1,093가지에 달한다. 가장 유명한 발명품인 백열전등과 축음기 말고도 영화 촬영기, 영사기, 축전기, 개량 전화기, 시멘트 등 우리가 지난 1세기 이상 사용해 온 주요 발명품들이 거의 그의 작품이다. 그가 설립한 에디슨 전기회사는 마치 물건을 만들어 내듯 발명품을 쏟아 냈다. 하지만 그의 회사가 만들어 낸 발명품 가운데는 무시무시한 것도 있었다. 바로 사형수를 처형하는 전기의자였다!

전기의자를 직접 발명해 낸 사람은 에디슨이 고용한 기술자 브라운 Harold Brown이었다. 에디슨과 브라운은 전기

의자의 치명성을 입증하기 위해 많은 실험을 해야 했다. 이 실험을 위해서는 많은 동물들이 필요했다. 실험용 동물들을 어떻게 구한다? 에디슨은 궁리 끝에 길 잃은 개를 끌어 오는 어린이들에게는 25센트씩 나눠 줬다. 그리고는 기자회견을 열어 언론이 지켜보는 가운데 동물들에게 전기 충격을 가해 효능을 과시했다. 덩치가 큰 동물을 죽일수록 선전효과도 더 크기 마련. 때로는 말을 끌어다 죽이기도 하고, 서커스단 코끼리를 사들여 죽인 적도 있었다.

드디어 1890년, 뉴욕 오번 교도소Auburn Prison에서 켐러 William Kemmler라는 사형수가 전기의자에 앉았다. 사형집행관이 스위치를 올리자 전기가 찌리릿 흘러 나가면서 켐러의 몸이 발작을 일으켰다. 그런데 웬일일까? 죽었다 싶었더니 몇 분 후 다시 몸을 꿈틀대는 것이 아닌가? 다시 스위치를 올렸다. 찌리릿! 하지만 또 움직였다. 8분이 지나자 몸에서 연기가 피어올랐지만 여전히 살아 있었다. 이후 훨씬 더 강력한 전기를 쏘이자 그제야 숨졌다(전기의자는 한 세기가 지나서도 문제투성이였다. 1999년 미국 플로리다 주에서 사형수 앨런 데이비스가 2,300볼트의 전기의자에서 사형이 집행됐지만, 죽지 않고 코에서 코피만 주르륵 쏟아져 나왔다. 그보다 2년 앞서 페드로 메디나의 머리에서는 30cm 길이의 불기둥이 솟아 나오기도 했다).

비듬투성이 머리에 꾀죄죄한 옷차림

에디슨이 남긴 가장 유명한 말은 그가 죽기 직전에 한 기자의 질문에 답한 것이었다.

"천재가 되려면 뭐가 필요할까요?"

"천재는 1%의 영감과 99%의 땀입니다."

그는 정말 많은 땀을 흘린 무시무시한 일 벌레였다. 축전지를 발명하기 위해 무려 50,000차례의 실험을 했다. 그토록 많은 실험에도 불구하고 실패가 거듭되자 한 친구가 물었다.

"이번에는 성과가 좀 있어?"

"성과? 50,000가지 방법은 효과가 없다는 사실을 발견했어. 아주 값진 성과를 얻었지."

에디슨에게는 실패한 실험도 값진 결실이었던 것이다. 그는 하루 24시간 중 16시간 이상을 발명품 개발에 몰두하며 살았으며, 외모에는 전혀 신경을 쓰지 않았다. 머리는 오랫동안 감지 않아 헝클어지고 비듬투성이였다. 빗 질을 하는 경우도 거의 없었다. 바람이라도 부는 날에는 어깨에 내려앉은 비듬이 우수수 흩날리곤 했다. 손은 화학약품을 하도 많이 만지며 실힘을 한 탓에 누렇게 탈색돼 있었다. 옷차림도 마찬가지였다. 늘 헐렁한 바지에 낡은 구두를 신고 다녔다. 노년에는 모두 까만색으로만 입어 처음 보는 사람들은 그가 가톨릭 신부인 줄 착각할 정도였다. 그는 잠도 실험실 소파에서 자는 일이 허다했다. 그래서 부인이 실험실에 간이침대를 마련해 주기도 했다. 집에서 자는 날에도 식사와 잠을 잊고 몰두하기 일쑤여서 부인이 식사 시간과 취침 시간을 일일이 알려 줘야 하는 경우가 많았다. 그는 평균 10일에 한 개의 발명품을 고안해 냈으며, 큰 발명품은 6개월에 한 번 꼴로 특허를 냈다. 가장 왕성하게 활동했던 시기에는 일 년에 무려 400여 건의 특허를 출원하기도 했다.

청력 잃으니 집중 잘돼 좋아

에디슨은 만찬행사에 참여하기를 무척 싫어했다. 시간 낭비라고 생각했기 때문이다. 그날도 남들이 잡담에 팔려 있을 때 슬금슬금 눈치를 보며 뒷문 쪽을 향해 걸어갔다. 자신의 실험실로 줄행랑을 칠참이었다. 그런데 공교롭게도 집주인에게 들키고 말았다. 집주인이 너스레를 떨며 말했다.

"에디슨 씨, 뭐하세요? 뭐 새로운 발명품이라도 연구 중인

가요?"

"비밀 통로를 만들 수 없을까 해서요."

그는 집주인이 씩 웃는 찰나 얼른 문을 열고 도망쳤다. 그에게는 일촌광음도 가벼이 여길 수 없는 늘 아깝고 소중한 것이었다.

이처럼 시간을 아끼는 그에게 청력 상실은 오히려 축복이었다. 보통 사람들은 청력을 잃으면 절망감에 빠지기 쉽지만 에디슨은 오히려 정반대였다. 언젠가 한 친구가 조심스럽게 물었다.

"자네 이렇게 크게 말해도 잘 못 알아들으니 얼마나 답답한가?"

"천만에! 오히려 다행이지. 쓸데없는 잡담에 귀를 기울일 필요도 없고, 정신을 집중하기도 좋고. 이렇게 집중하다 보면 좋은 아이디어가 잘 떠오르거든."

청력을 잃으니 잡담으로 시간을 낭비할 필요 없어 참 좋다? 발명에 대한 그의 불타는 열정을 대변하는 말이기도 하다.

성홍열 앓고 나서 청력 상실

그는 어떻게 청력을 상실하게 됐던 것일까? 그는 어린 시절 기차에서 신문팔이를 했던 적이 있다. 그런데 공교롭게도 그가 기차에 마련해 놓은 실험실에서 인화물질이 바닥에 떨어져 화재가 났다. 이 때문에 그는 차장으로부터 호되게 따귀를 맞았다. 이때 따귀를 맞고 청력을 잃었다는 주장이 있다. 하지만 이 주장은 설득력이 약하다. 왜냐하면 그는 더 어려서부터 평생에 걸쳐 꾸준히 청력이 떨어졌기 때문이다. 따귀를 맞아 단번에 청력을 상실한 게 아니었던 것이다. 그는 어릴 때 성홍열scarlet fever을 앓으면서 조금씩 귀가 잘 들리지 않게 됐다. 그리고 십대 초반부터는 대부분의 청력을 상실했다. 왼쪽은 완전히 귀가 먹었고, 오른쪽 청력도 20%밖에 듣지 못했다고. 나이가 들면서 청력 상실 증세는

축음기 잡지 광고

더욱 악화돼 발명가로 세계적인 명성을 떨칠 때쯤에는 거의 듣지 못하게 됐다.

제대로 듣지 못하는 에디슨이 축음기와 개량된 전화기 등을 발명해 냈다는 건 놀라운 일이기도 하고 아이러니이기도 하다. 그 비결은 무엇이었을까? 그는 이렇게 설명했다.

"비록 난 청력을 거의 다 잃었지만, 일반인들은 듣지 못하는 소리와 소음을 들을 수 있지. 난 아마 내적 청력inner hearing을 타고 난 것 같아."

뜻이 있는 데 길이 있다고, 발명에 뜻을 모으다 보니 남들은 그냥 흘려버리는 소리도 들을 수 있었다는 말이다.

물론 잘 듣지 못하니 일상생활이 불편하기도 했다. 특히 가족들과 대화할 때가 그랬다. 그는 부인을 처음 만나 데이트할 때 자신은 귀가 어두우니 모르스 부호Morse code를 배우면 어떠냐고 물었다. 부인은 흔쾌히 동의했다. 결혼 후 에디슨 부부는 대부분의 대화를 모르스 부호로 했다. 극장에 들어가면 부인이 한 손을 남편의 무릎 위에 올려놓고 끊임없이 두드렸다. 극중의 대화를 전달해 주기 위해서였다. 에디슨 자신도 손놀림이 무척 빨랐다. 그래서 책을 볼 때도 눈으로 읽는 것보다는 시각장애인들이 사용하는 브라유Braille 점자를 더 좋아했다. 시력에는 문제가 없었지만 점자법에 워낙 익숙했기 때문이다.

＊영구 보존된 에디슨의 마지막 호흡

에디슨이 죽을 때 절친한 친구였던 자동차 왕 헨리 포드는 에디슨이 내쉬는 숨을 병에 담아 보관했다. 우정을 평생 간직한다는 뜻에서였다. 에디슨의 마지막 호흡이 담긴 병은 지금도 미시건 주 포드 박물관Ford Museum에 전시돼 있다.

＊에디슨 전기 회사는 세계 최대 기업 GE의 모태

에디슨이 1878년 설립한 전기 회사는 1892년 톰슨-휴스턴 전기 회사 Thomson-Houston Electric Company와 합병돼 제너럴 전기 회사 General Electric Company로 다시 태어났다.

GE는 현재 세계 최대의 기업으로 종업원이 320,000명에 달한다. 이 회사는 세계 100여 개 국가에 에어컨과 난방기구 등을 만들어 판매하고 있다.

정신 병동에 모인 정복자들
엽기적인 정치가들

01 나폴레옹 보나파르트

1769~1821
유럽 대륙을 정복했던 프랑스 황제

세 시간 이상 잠들지 못했던 조울병 환자

지칠 줄 모르는 에너지 덩어리

나폴레옹이 프랑스의 최고 실권자인 종신 집정으로 집권했을 때의 일이다. 밤늦게까지 일하던 몇몇 장관들이 꾸벅꾸벅 졸기 시작했다. 그걸 보고 그가 대갈했다.

"이것 봐. 잠들 깨! 이제 겨우 새벽 2시야. 봉급 받는 것만큼 일해야지!"

일중독자였던 나폴레옹이 새벽 2시까지 일하는 것은 보통이었다. 황제에 즉위한 뒤에는 잠이 더욱 줄어 하루 3시간 정도밖에 자지 않았다. 초저녁에 한두 시간 자다가 자정에 벌떡 일어나 새벽 5시까지 일하고는 또 잠시 눈을 붙인 뒤 벌떡 일어나 일하기도 했다. 그의 전형적인 수면 습관은 하루

3시간 자고 부족한 잠은 토막잠으로 때우는 것이었다. 그는 잠을 많이 자거나 게으른 사람은 절대로 등용하지 않았다. "수면 시간은 남자에게는 하루 6시간, 여자에게는 7시간, 바보에게는 8시간이 적당하다"는 것이 그의 지론이었다.

그는 일단 일을 잡으면 14시간 내지 16시간 동안 한숨도 쉬지 않고 끝장을 내는 습관이 있었다. 때로는 일에 파묻혀 식사를 잊기도 했다. 식사를 하더라도 대개 10분 이내에 후닥닥 끝내버렸다. 당시 프랑스 인들의 식사 시간이 두어 시간쯤 됐다는 걸 감안하면 벼락치기 식사였다.

전쟁을 지휘할 때의 나폴레옹은 마치 홀린 사람처럼 신바람이 났다. 오랫동안 그의 시종으로 따라다녔던 콩스탕에 따르면, 나폴레옹은 밤늦게까지 말을 타고 직접 적진을 정탐하러 돌아다녔다. 두세 시간 동안 초고속으로 말을 몰고 다니다 보면 말들이 모두 녹초가 돼 몇 마리씩 갈아타야 했다. 콩스탕은 회고록에서 이렇게 말하고 있다.

"그렇게 잠을 안 자고 설치는데도 어떻게 지치지 않는지 신기할 따름이었다. 지치지 않을뿐더러 오히려 더욱 혈기에 넘쳤다."

한번은 전투를 앞두고 나폴레옹이 닷새 동안 쉴 틈 없이 돌아다녀 말 다섯 마리가 차례로 지쳐 죽었다. 그는 그동안 옷도 한 번 갈아입지 않고 식사도 번개처럼 끝내버렸다. 또 다른 목격자는 이렇게 증언했다.

"그는 6개월간이나 전쟁터에서 보냈는데도 지치기는커녕 더욱 원기가 왕성했다. 그런 에너지를 가진 사람을 보지도 못했고, 들어 보지도 못했다."

어디서 그런 힘이 솟아나는 것일까? 사람의 체력에는 한계가 있다. 나폴레옹은 전형적인 조울증 증세를 보였다는 분석이 지배적이다. 조울증 환자는 기분이 상승할 땐 피로, 고통, 배고픔을 모른다. 불가능도 없고, 모든 게 장밋빛이다. 죽음에 대한 두려움도 없다. 두뇌에서 쾌감 호르몬이 분비되기 때문이다. 나폴레옹이 처음 이태리 주둔 프랑스 사령관으로 임명됐을 때 프랑스 군은 볼품없는 오합지졸이었다. 그런 군대를 이끌고 알프스 산맥을 넘어 오스트리아 군을 궤멸시켰다. "내 사전에 불가능은 없다"는 말도 이때 나왔다.

조울병 환자들은 무드 상승기가 되면 두뇌 회전도 무척 빨라진다. 그렇지 않아도 원래 명석한 나폴레옹의 두뇌는 일단 일에 몰입하게 되면 마치 컴퓨터처럼 돌아갔다. 그는 으레 의자에 앉아 집무를 시작했다. 그런데 점점 업무에 깊이 들어가거나 업무량이 많아지면 그의 두뇌 회전이 빨라지면서 점점 흥분 상태에 빠져 들어갔다. 흥분이 고조되면 의자에서 벌떡 일어나 뚜벅뚜벅 걷기 시작했다. 흥분으로 가슴이 벅차올라 가만히 앉아 있기 어려웠기 때문이다. 그러면서 비서에게 지시 사항을 구술해 줬다. 내용이 간단할 경우 한 명의 비서가 받아썼다. 내용에 깊게 들어갈수록 그가 뚜벅거리며 왔다 갔다 하는 속도도 그와 비례해 빨라졌다. 그의 구술속도가 빨라지면 비서가 받아쓰기 힘들 정도였다. 그럴 경우 비서는 요점만을 받아 적은 뒤 나중에 기억을 더듬어 가며 적당히 살을 붙이곤 했다. 나폴레옹의 업무량이 늘어나면서 나중에는 비서 4명에게 동시에 지시 내용을 구술해 주게 됐다. 그는 마치 속사포처럼 지시 내용을 마구 구술해 댔다. 그럴 경우 나폴레옹이 서재 바닥을 오가는 뚜벅뚜벅 소리도 마치 쟁반에 콩 볶는 소리처럼 더욱 요란해졌음은 물론이다!

우울증에 빠지면 하루 16시간 수면

나폴레옹은 스스로도 무소불위의 능력을 갖고 있다고 믿었다. 하지만 조울병 환자들은 광적으로 몰두하던 일이 빗나가거나 잘못되면 일순간에 극심한 우울증에 빠져 든다. 자살충동에 빠지기도 하고, 하던 일을 모두 내동댕이치고 심한 허탈감의 늪으로 추락하기도 한다. 때로는 유머와 위트, 강한 카리스마를 발하던 성격이 돌연 폭발적으로 변하기도 한다. 나폴레옹이 워털루 전투에서 패해 세인트헬레나 섬에서 유배 생활을 하고 있을 때였다. 그의 시중을 들고 있던 측근들은 그가 지극히 사소한 일에도 화산처럼 폭발하는 일이 비일비재했다고 증언했다.

한번은 이쑤시개가 그의 이 사이에 끼었다. 그러자 그는 얼굴이 자주색으로 변한 채 발을 동동 구르며 소리를 질러댔다. 또한 향수가 눈에 들어가자 방 안의 물건을 마구 집어던졌다고 콩스탕은 술회했다.

"그는 화가 치솟으면 뭐든 마구 던져댔어요. 가까이 있는 사람에게 욕설과 협박을 퍼붓기도 하고…."

이렇게 폭발하고 난 뒤에는 16시간 동안 줄곧 깊은 잠에 빠지곤 했다. 하루 두세 시간밖에 안 자며 일하던 사람과는 완전

딴판이 돼버리는 것이다.

처음 그의 카리스마에 반했던 충복들도 그의 폭발적 성격에 혐오감을 느껴 이후에는 거꾸로 돌아서기도 했다. 1809년 나폴레옹이 스페인과 포르투갈을 침공하려 하자 외무장관 탈리랑Talleyrand이 반대하고 나섰다. 그는 나폴레옹이 권력을 잡도록 도와준 1등 공신 중의 하나였다. 하지만 나폴레옹은 다른 장관들이 지켜보는 가운데 마구 욕설을 쏟아 냈다.

"자네 계획은 뭔가? 난 자넬 수천 조각으로 박살내버릴 수 있어! 비단 양말에 든 똥 같은 주제에!"

탈리랑은 각료회의가 끝난 뒤 탄식했다.

"딱한 일이군. 저 위대한 인물이 저렇게 상스럽다니. 나중에 잘되기는 글렀군."

이후 특사로 러시아에 파견된 탈리랑은 황제 알렉산더에게 나폴레옹의 폭정으로부터 유럽을 지켜야 한다고 역설했다.

그의 폭발적이고 급한 성격은 가정에서도 나타났다. 조세핀과 결혼식을 올린 첫날밤, 그는 침실에 들어가자마자 아내 조세핀에게 다짜고짜 달려들었다. 그런데 공교롭게도 그 자리에 조세핀의 개가 꼬리를 치며 서 있었다.

"멍, 멍, 멍!"

개가 이불 속에 뛰어 들어간 나폴레옹을 냅다 물어뜯었다. 나폴레옹이 느닷없이 달려드는 걸 본 개가 주인인 조세핀이 공격을 받는다고 착각해 즉각 방어에 나섰던 것이다. 나폴레옹은 신혼 첫날밤 부상을 입고 응급치료를 받아야 했다.

전쟁에 지면 무조건 줄행랑치는 습관

전쟁에 질 때마다 병사들을 내팽개치고 혼자서만 달랑 빠져나오는 것도 나폴레옹의 특징이다. 1798년, 그는 영국을 견제한다는 명분아래 40,000명의 병력을 이끌고 이집트 원정길에

군대를 이끌고 이집트 원정길에 오른 나폴레옹

올랐다. 이집트의 수도 카이로는 점령했으나 그 후 시리아 정복에는 실패했다. 특히 나일강 전투에서 프랑스 함대가 넬슨 제독이 이끄는 영국 함대에 대패함으로써 병참 보급이 끊어지고 말았다. 게다가 이집트 군의 반란과 질병 등으로 프랑스군의 절반이 넘는 20,000명 이상이 사망했다. 승산이 없을 것으로 판단한 나폴레옹은 측근들만 데리고 몰래 귀국해버리고 말았다. 이집트에 남겨 놓은 클레베Kleber 장군에게는 인사조차 하지 않은 채 말이다. 클레베 장군은 격분했다.

"온통 일만 벌여 놓고 슬그머니 도망쳐버리다니! 술집에 진 산더미 같은 빚도 안 갚고!"

몇 달 후 클레베 장군은 암살됐고, 프랑스 군은 백기를 들었다.

슬그머니 빠져나간 나폴레옹은 무슨 꿍꿍이속을 갖고 있었을까? 1799년 그는 파리에 도착하자 무혈쿠데타를 일으켜 정권을 장악했다. 최고 실권자인 제1집정관First Consul이 된 것이다. 그는 수년간 유럽 정복 전쟁을 벌여 연전연승하고 황제의 자리에까지 올랐다. 하지만 조울병 환자들은 승리감에 도취되면 무모한 일을 벌이기 십상이다. 1812년 그는 500,000

대군을 이끌고 러시아 원정길에 올랐다. 프랑스 군이 러시아 서쪽 경계선인 니에멘Niemen 강을 건너 침공한 것은 6월 24일. 나폴레옹은 불과 몇 주 내에 러시아를 정복할 수 있다고 확신하고 있었다. 하지만 프랑스 군이 모스크바를 점령할 때는 병력이 고작 100,000명으로 크게 줄었다. 더구나 모스크바는 텅텅 비어 있었다. 러시아 군이 퇴각하면서 쓸 만한 건물이란 건물은 모조리 불질러버리는 이른바 초토焦土작전을 폈기 때문이다. 잠잘 곳도 없고 식량도 구할 길이 없었다. 탈영병은 더욱 늘어났다. 혹한도 다가오고 있었다. 이런 가운데 프랑스에서는 소요 사태가 일고 있다는 소식이 날아들었다. 나폴레옹은 마음이 조급해졌다. 결국 10월 말 야음을 틈타 또 줄행랑을 쳤다. 그를 따르는 측근들에게는 수십만 프랑의 하사금이 전달됐다. 그가 드디어 러시아 서쪽 국경선인 니에멘 강에 이르러 나룻배 사공에게 물었다.

"프랑스 탈영병들이 벌써 많이 이 강을 건너 되돌아갔겠지?"
"아니올시다. 폐하가 처음입니다."

뱃사공의 말대로 그는 프랑스 군을 저버리고 도망친 첫 탈영병이었던 셈이다. 러시아 원정길에 올랐던 프랑스 군 500,000명 가운데 살아남은 병력은 겨우 10,000명. 이들은 나폴레옹이 도망친 두 달이 지난 12월 14일에서야 니에멘 강을 건너 프랑스로 향했다.

나폴레옹은 파리로 돌아가자마자 다시 신병 500,000명을 징집하도록 명령했다. 또다시 전쟁 준비를 하겠다는 것이었다. 하지만 러시아 전쟁의 실패로 그에게는 극심한 우울증이 찾아왔다. 하루 16시간씩 잠을 자고, 그나마 깨어 있는 시간에도 산적한 국정현안은 거들떠보지도 않은 채 독서에만 몰두했다. 그의 시종인 콩스탕은 이렇게 기술하고 있다.

"그는 완전 딴 사람 같았어요. 하루 종일 멍하니 소파에 앉아 있기도 하고, 손이 떨리기도 했죠. 매일 책상 위에 깔아 놓은 지도를 보고 몰두하던 사람이 이젠 지도 같은 건 쳐다볼 생각도 않았으니까요."

나폴레옹은 라이프찌히 전투에서 스웨덴과 오스트리아, 프러시아, 러시아 연합군에게 대패한 뒤 또 측근들만 데리고 도망쳐 왔다. 그리고는 즉각 110,000명을 새로 징집하도록 지시했다. 1813년 연합군이 마침내 파리까지 진격해 들어왔다. 나폴레옹의 오스트리아 출신 황후는 아들을 데리고 이미 오스트리아로 도망쳤다. 심한 우울증에 빠진 그는 결국 하야를 결정하고 독약을 삼켰다가 다시 해독약을 처방받았다. 그의 감정이 돌연 상승무드로 급변한 것이다!

엘바 섬의 황제

그는 조울증 탓인지 엘바 섬에 유배된 뒤 놀랄 정도로 쾌활하게 지냈다. 측근들과 농담도 즐기고 찾아오는 마을 사람들에게 너스레를 떨기도 했다. 황제 칭호를 사용하며 엘바 섬을 통치할 수 있다는 것만으로 행복한 것이었다.

"난 잃은 게 없어. 난 호주머니에 6프랑만 달랑 넣고 파리에 갔거든. 지금 보라고. 난 얼마나 부자가 돼 돌아왔는지?"

보통 사람들이 완전히 절망적이거나 구제불능으로 판단하는 상황에서도 의외로 낙천적인 시각을 보이는 게 조울증의 특징이다. 물론 돌발적이고 일관성은 없지만 말이다. 그러던 그가 1815년 2월, 영국 함대의 눈을 피해 슬그머니 프랑스로 빠져나갔다. 그가 파리로 가면서 옛 병사들이 모여들었다. 체포 명령을 받은 정부군 장군까지 오히려 합세하면서 그의 백일천하가 시작됐다.

미국으로 도망치려다 잡혀

피 한 방울 안 흘리고 파리에 입성한 나폴레옹은 다시 흥분 상태가 됐다. 자신이 불사조와 같은 인간이라는 환상에 사로잡혔던 것이다. 새벽 1~2시에 일어나 하루 종일 부지런히 움직였다. 1815년 6월, 그는 72,000명의 병력을 이끌고 벨기에의 작은 마을 워털루로 향했다. 연합군이 세력을 규합하기 전에 강력한 일격을 가하겠다는 계산이었다. 영국과 프러시아 연합군은 113,000명. 승리의 여신은 그의 손을 들어주지 않았다. 영국 웰링턴 장군이 이끄는 연합군에게 대패해 병력의 절반을 잃었다.

패배가 뚜렷해지자 그는 또 병력을 저버린 채 파리로 돌아갔다. 정상적인 사람이라면 엄청난 절망감에 빠져버렸을 것이다. 하지만 그는 하야를 선언한 뒤 즉각 새로운 꿈에 부풀어 있었다. 영국 시골로 건너가 노후를 보내겠다는 꿈이었다. 실제로 그는 영국의 섭정 왕태자Prince Regent에게 망명을 요청하는 서신을 보냈다. 그러나 요청이 거부되자 다시 미국으로 도망칠 계획을 세웠다.

그가 몇몇 가까운 심복들을 데리고 변장을 한 채 파리를 막

빠져나가고 있을 때였다. 황제를 지냈던 사람이 골목길을 알 리 없었다. 하는 수 없이 행인에게 길을 물었다. 행인은 친절하게 길을 안내해 주었다.

"고맙소. 자, 이거 얼마 안 되지만 받아 주시오."

나폴레옹은 길을 안내했던 행인에게 빳빳한 지폐 한 장을 건네주었다.

"엇, 이렇게 큰돈을?"

행인은 빳빳한 지폐를 내려다보면서 말했다. 어, 그런데? 지폐에 그려져 있는 황제의 얼굴이 지금 자신에게 지폐를 건네준 사람과 흡사한 것이 아닌가? 황급히 떠나는 일행의 뒷모습을 보고 무릎을 탁 쳤다.

"맞아! 나폴레옹이야! 어서 신고해서 보상금 타자!"

나폴레옹은 결국 로슈포르라는 곳에서 영국군에게 잡히고 말았다. 생포된 일행은 영국의 전함 벨러로폰Bellerophon 호에 실렸다. 그 전함은 영국 남서부의 군항 플리머스 Plymouth 연안에 2주간 정박해 있었는데, 그를 구경하려는 영국인들이 작은 보트를 타고 연일 몰려들기도 했다. 2주 후 그는 더 큰 전함 노섬벌랜드Northumberland 호에 옮겨져 남태평양의 세인트 헬레나 섬에 유배되고 말았다.

죽어서도 불운한 신세

나폴레옹은 죽어서도 불운했다. 무슨 소리냐고? 부검 때 잘려 나간 그의 성기가 이리저리 팔려 다니다가 만인에게 전시되는가 하면 지금도 뭇사람들의 호기심을 끌고 있기 때문이다. 그가 세인트 헬레나 섬에서 눈을 감은 것은 1821년 5월 5일. 이튿날 그의 시신에 대한 부검이 실시됐다. 부검 현장에는 황제의 주치의인 앙통마르시와 영국 의사 7명, 신부 비냘리, 하인 알리 등 모두 17명이 입회했다.

"자, 일단 심장과 위를 떼어 냅시다."

주치의 앙통마르시가 말했다. 나폴레옹은 죽기 직전 심장을 떼어 내 오스트리아로 도망간 황후 마리-루이즈에게 전해 주라는 유언을 남겼다(물론 전달되지는 않았다). 위를 분석해 본 의사들은 모두 나폴레옹이 위암으로 사망했다고 의견을 모았다. 약 두 시간에 걸친 부검이 끝난 뒤 시신을 다시 봉합해 옷을 입혀 안치해 놓았다. 나폴레옹은 19년간 세인트 헬레나 섬에 묻혀 있다가 1840년 프랑스 앙밸리드Invalides 교회로 옮겨졌다.

그로부터 30여 년이 지난 1852년, 부검 현장에 있었던 나폴레옹의 몸종 알리가 회고록을 통해 폭탄선언을 했다. 부검할 때 비냘리 신부와 함께 나폴레옹의 성기 등 일부분을 떼어 냈으며 그 모든 것을 비냘리 신부가 보관하고 있다는 것이다. 1916년 비냘리 신부의 후손들은 유품들을 영국의 희귀서적 전문회사에 팔았다. 이 회사는 다시 1924년 유품들을 미국 필라델피아의 서적수집가인 로젠바크A. S. W Rosenbach에게 팔았다. 로젠바크는 몇 년 뒤 뉴욕의 프랑스 예술 박물관에 바짝 말라 쪼그라든 나폴레옹의 성기를 전시했다. 당시 미국 언론들은 이렇게 묘사했다.

"관객들은 유리관에 들어 있는 2.5cm 길이의 전시품을 보고 신기해 했다. 사슴 가죽을 잘못 처리해 만든 짧은 구두끈

같기도 하고, 말라비틀어진 뱀장어 같기도 한 뭔가를 보았기 때문이다."

물론 달리 묘사하는 사람도 있었다.

"저건 건조시킨 포도 알 같구만."

"아니야. 쪼글쪼글 바짝 말라비틀어진 작은 손가락 같아."

그 뒤 1969년, 나폴레옹의 성기는 런던 크리스티 경매장에서 경매에 붙여졌으나 구매자가 나타나지 않았다. 그래서 1977년 파리의 한 경매장으로 옮겨졌다. 다행히 그곳에서는 사려는 사람이 있었다. 미국 콜럼비아 대학 비뇨기과 명예교수인 래티머John K. Lattimer 박사가 3,000달러에 사들인 것이다. 그는 1987년 자신이 나폴레옹의 성기를 보관하고 있다는 사실을 시인했다. 하지만 그가 아직도 그것을 집에 보관하고 있는지, 혹은 분실했는지 등의 여부는 확인되지 않고 있다.

＊ 나폴레옹은 정말 키가 작았을까?

일반적으로 알려진 것처럼 나폴레옹의 키가 작았던 건 아니다. 그의 키는 정확하게 167.6cm였다. 이는 1800년 당시 프랑스 성인남성들의 평균 신장 164.1cm(프랑스 병사들의 병역기록)보다 3cm 이상 더 큰 수치였다. 그런데도 그의 키가 작았다는 주장이 꾸준히 나돌고 있는 것은 왜일까? 1피트의 길이가 프랑스에서는 다르기 때문이다. 나폴레옹이 죽은 직후 부검할 때 그의 키는 5피트 2인치로 기록돼 있는데, 이는 프랑스 이외의 나라에서는 5피트 6인치에 해당되는 수치다(1피트=30.48cm, 1인치=2.54cm).

＊ 오늘은 바빠서 못 죽어요

나폴레옹에게 최후의 패배를 안겼던 영국의 웰링턴은 잘 지냈을까? 어느 날 그의 사무실에 웬 괴한이 침입해 칼을 들이댔다.

"네가 웰링턴이지? 널 죽여버리러 왔다!"

웰링턴도 나폴레옹처럼 지독한 일중독자였다. 책상에서 눈을 떼지도 않은 채 귀찮다는 듯 가볍게 내뱉었다.

"난 지금 몹시 바쁜데… 꼭 오늘 날 죽여야 됩니까?"

그러자 씩씩거리며 침입했던 괴한이 머리를 긁으며 말했다. 그는 아마 나폴레옹 추종자들의 사주를 받아 웰링턴을 죽이러 온 자객이었나 보다.

"글쎄. 그 점에 대해서는 어떻게 하라는 지시를 못 받았는데…."

"좋소. 그럼 우리 나중에 합시다! 지금은 너무 바쁘거든요."

놀랍게도 그 괴한은 고개를 갸우뚱거리며 웰링턴의 사무실에서 나갔다.

나가자마자 경찰에 체포됐음은 물론이다.

＊나폴레옹 후손의 '장렬한' 죽음

나폴레옹 자신은 미국으로 도망치려다 체포됐지만 그의 후손 중에는 도망에 성공한 사람도 있었다. 하지만 미국의 나폴레옹 후손은 1945년 완전히 끊기고 말았다. 마지막 후손이었던 67세 제롬 나폴레옹 Jerome Napoleon이 뉴욕 센트럴 파크에서 부인과 함께 개를 끌고 산책하다가 죽어버렸기 때문이다. 어떻게 죽었느냐고? 개 끈에 걸려 넘어졌는데, 그 후유증으로 숨지고 말았다. 천하를 호령하던 장군이자 황제의 후예로는 걸맞지 않은 죽음이었다!

＊나폴레옹은 정말 독살됐을까?

부검 당시 나폴레옹의 사인은 위암이라는 공식 판정이 나왔음에도 불구하고 최근까지도 그가 영국의 사주를 받은 프랑스 인에 의해 독살됐다는 음모설이 꾸준히 제기돼 왔다. 그의 음식에 비소를 섞어 먹여 빨리 죽도록 했다는 것이다. 이런 주장은 그의 머리털에서 비소 arsenic가 비정상적으로 많이 검출되면서 설득력 있게 들렸다. 하지만 2002년 프랑스 경찰이 나폴레옹의 유배 이전 시기인 1805년, 1814년 머리털을 유배 이후 시기인 1821년의 머리털과 비교 분석해 본 결과 비소수치가 똑같이 높은 것으로 밝혀졌다. 즉, 그의 몸은 평소부터 비소에 중독돼 있었으며, 영국이 일부러 비소를 먹인 게 아니라는 사실이 입증됐다.

* 토끼에 혼쭐난 나폴레옹

권좌에 앉으면 간신배들이 들끓기 마련. 나폴레옹의 충복 가운데 베르티에Berthier라는 사람이 있었다. 나폴레옹의 비서실장을 하다가 프랑스 군 원수의 자리에까지 올랐던 사람이다. 언젠가 나폴레옹이 토끼사냥을 하러 갔다. 베르티에는 황제를 기쁘게 해줄 요량으로 사냥터에 몰이꾼들을 배치하는 등 완벽하게 준비를 갖춰 놓았다. 사냥하는 전날 밤 사냥터에 토끼 천 마리도 미리 풀어놓았다. 다음 날 사냥터에 나온 나폴레옹이 몹시 흡족해 했다.

"베르티에 장군. 여긴 토끼가 참 많은 것 같군."

"어, 폐하! 이쪽에서도 토끼가 뛰어다니고 있습니다! 어서 쏘십시오!"

나폴레옹은 토끼가 뛰어다니는 쪽을 향해 잰걸음으로 걸어갔다. 그가 총을 들어 토끼에게 겨냥하려는 찰나였다. 그런데 이게 웬일일까? 토끼가 도망가기는커녕 오히려 나폴레옹에게 뛰어드는 것이 아닌가? 다른 토끼들도 사방에서 달려들었다. 나폴레옹은 혼비백산해 마차로 도피했다.

베르티에가 사냥터에 풀어놓은 토끼들은 모두 집토끼였다. 집토끼들은 하루 두 번씩 상추를 받아먹는 데 길들여져 있었다. 나폴레옹이 손을 뻗어 총을 겨냥하려 하자 토끼들은 먹이를 주려는 사육사인 줄 잘못 알고 마구 달려들었던 것이다!

* Austerlitz 전투(1805년 12월)

나폴레옹이 일생 중 가장 값진 승리를 거둔 전투. 프랑스의 나폴레옹 황제가 이끄는 66,000명의 프랑스 군이 러시아 황제와 오스트리아 황제가 이끄는 85,000명에 달하는 연합군을 격파했다. 나폴레옹은 일부러 전략적으로 중요한 높은 지대를 남겨 놓고 왼쪽 편에 병력을 적게 배치했다. 그러자 연합군이 즉각 고지대를 점령하기 위해 진군했다. 연합군 병력이 한곳에 몰리자 프랑스 군이 불시의 기습공격을 가해 연합군을 흩어 놓았다. 많은 연합군 병사들이 얼어붙은 강으로 도망치다 물에 빠져 죽었다. 이 전투에서 프랑스 군은 8,000명의 인명피해에 그친 반면, 연합군은 27,000명이 죽거나 다쳤다. 나폴레옹은 세 나라 황제가 겨룬 이 전투에서 승리함으로써 유럽 최강임을 과시했다.

02 호레이쇼 넬슨

1758~1805.
1805년 트라팔가 해전에서 승리, 나폴레옹의 영국 침략을 막고,
100여 년간 영국의 해상 지배를 확립한 해군 사상 최고의 명장.

마취도 없이 팔을 잘라 낸 독종

갈색 머리가 돌연 백발로 변한 까닭은?

젊은 시절 넬슨 제독의 머리는 엷은 갈색이었다. 그런데 갑자기 완전 백발로 변했다. 오른쪽 눈도 겉으로는 멀쩡해 보였지만 사실 전혀 볼 수 없었다. 왜 그럴까? 그는 3년 사이에 오른쪽 눈 시력을 상실한데 이어 오른팔까지 절단해야 하는 불운을 겪었다. 이후 머리가 백발로 변한 것은 엄청난 통증의 결과였다. 그는 어떻게 팔을 잃게 됐을까?

젊은 시절 넬슨

백발이 된 넬슨

1797년 지중해에 머물고 있던 넬슨은 북아프리카 서안 테네리페 섬의 수도인 산타 크루즈Santa Cruz를 점령하라는 명령을 받았다. 테네리페 섬은 스페인령 카나리아 제도의 가장 큰 섬으로 미주로 항해할 때 관문 역할을 하는 곳이다. 넬슨은 야음을 틈타 병력을 상륙시킬 계획이었다. 하지만 요새에 가까이 접근하려다 보니 문제가 생겼다. 물살이 너무 빨라 배를 대기가 어려웠던 것이다. 이렇게 쩔쩔매다가 결국 적군에게 들키고 말았다. 그래서 일단 철수했다. 다음 날 다시 한 번 상륙을 시도했다. 이번에는 상륙에 성공했지만 병사들이 너무나 지쳐 있었기 때문에 또다시 철수할 수밖에 없었다. 넬슨은 각 전함의 선장들을 불러 모았다.

"어쩔 수 없네. 오늘 밤 정면으로 공격하세."

"적군이 우릴 훤하게 내려다보고 있는데, 가능할까요?"

"내가 앞장서 돌파하겠네. 나만 따라오게."

포도탄에 팔 맞아

대담한 의외의 공격으로 적군의 허를 찌르는 게 넬슨의 특징이었다. 그날 밤 넬슨은 병력을 이끌고 300m까지는 무사히 접근하는 데 성공했다. 하지만 작은 보트를 내려 상륙을 시도

하려는 순간 성곽으로부터 일제히 총성이 터져 나오기 시작했다.

"탕, 탕, 탕…."

스페인 병사들에게 또 발각된 것이다. 캄캄한 밤, 넬슨은 칼을 뽑아든 채 배에서 뛰어내렸다.

"피융."

"악!"

넬슨의 오른팔이 축 늘어졌다. 적군이 쏜 대포 한 발이 공교롭게도 그의 오른쪽 팔꿈치 바로 윗부분에 명중된 것이다. 그 당시의 대포 포탄에는 9개의 쇠 알이 들어 있어서 포도탄이라 불렸다. 몸에 직격탄을 맞으면 뼈가 산산조각 나고 말았다. 넬슨은 왼손으로 다시 칼을 바꿔 잡으려다 풀썩 주저앉고 말았다. 워낙 충격이 컸기 때문이다. 조시아가 얼른 그를 안았다. 조시아는 넬슨의 수양아들이었다.

"난 이제 죽을 것 같군. 날 내버려 두고 어서 배로 올라가게."

피가 많이 흐르고 있었다. 조시아는 넬슨을 안은 채 상의 목 부분을 찢어내 넬슨의 팔을 묶었다. 그는 본능적으로 넬슨의 생명이 경각에 달려 있다는 걸 알았다. 넬슨을 번쩍 들어 등에

업으려는 순간 넬슨이 제지했다.

"이제 다친 팔을 묶어 놨으니 됐네. 못쓰게 된 팔은 빨리 떼어 낼수록 좋지. 난 아직 왼팔과 양다리가 멀쩡하니 혼자 움직일 수 있네."

그러더니 넬슨은 펄쩍 뛰어 배 위로 올라갔다. 급히 기선에 옮겨져 팔 절단 수술을 받았다. 당시로선 마취제가 없던 시절이라 시간이 관건이었다. 유능한 해군 외과의사들은 불과 2분 이내에 팔을 절단할 수 있었다. 절단할 때 일단 피가 뿜어져 나오는 동맥을 빠르게 동여맨 뒤 뼈와 근육을 분리시켰다. 그런 다음 재빨리 톱으로 뼈를 잘라 내고, 근육을 제자리에 돌려 놓았다. 그리고는 잘린 동맥 끝을 다시 한 번 동여맸다. 절단 속도가 전광석화처럼 빨라야 통증도 최소화되고, 환자의 회복도 빨랐다. 이때 동여맨 동맥에서는 계속 피가 불룩불룩 뿜어져 나오므로 잘린 부위가 쭈뼛 튀어나오게 마련이었다. 꽤 시간이 흐른 뒤에야 수그러들었다. 넬슨의 팔 절단 수술을 맡았던 담당 외과의사는 일기에 이렇게 적었다.

"넬슨은 아무런 불평 없이 통증을 견뎠다. 하지만 내가 상처를 봉합하다가 큰 신경을 건드렸다. 그의 이마에 진땀이 방울방울 흘러내렸다. 얼마나 아팠으면…."

수술이 끝나자 넬슨이 말했다.

"앞으로 절단 수술을 할 땐 칼을 좀 달궈야 되겠소. 차가운 칼이 더 아프거든요."

수술이 끝난 후의 통증이 더 심했다. 통증이 어찌나 심했던지 넬슨은 차라리 팔을 어깨에서부터 몽땅 절단해 달라고 의사에게 호소했다. 의사는 대신 아편을 투여했다.

포탄 폭발로 오른쪽 눈 시력 상실

오른팔을 절단하고 나서 넬슨의 몰골은 몰라보게 초췌해져 갔다. 그는 본래 165cm의 키에 깡마른 체구였다. 하지만 12세 때 해군에 입대해 20세에 작은 전함의 함장이 됐던 그였다. 유달리 독립심이 강했던 그가 이제는 옷을 입거나 세탁을 할 때도 남의 도움을 받아야 하는 처지가 되자 정신적으로도 몹시 위축됐다. 게다가 그는 이미 오른쪽 눈까지 완전히 실명된 상태였다.

그가 오른쪽 눈을 실명한 것은 3년 전인 1794년이었다. 그는 영국 해군성으로부터 프랑스 남부의 코르시카 섬을 점령하라는 명령을 받았다. 영국의 지중해 해군기지로 쓰기 위해서였다. 당시 이태리 나폴리에 머물고 있던 그는 함대를 이끌고 공격에 나섰다. 코르시카 섬의 수도인 칼비에 상륙했다. 그가 병사들을 독려하며 성벽에 기어오르던 찰나였다. 프랑스 군이 발사한 포탄이 성벽에 떨어졌다. 엄청난 굉음과 함께 돌가루와 모래가 마구 튕겨 나왔다.

"앗, 내 눈!"

눈앞이 돌연 깜깜해졌다. 잠시 후 왼쪽 눈은 다시 밝아졌으나 오른쪽 눈은 웬일인지 다시 보이지 않았다. 하지만 전투 중이라 그런 것은 생각할 겨를도 없었다. 이후 칼비를 점령하고 나서야 오른쪽 눈의 시력이 완전히 사라졌다는 걸 깨달았다.

시력에 이어 팔까지 잃고 탈진 상태에 빠진 그는 몇 년간 영국에 돌아가 요양 중이었다. 그 사이 프랑스의 나폴레옹은 35만 대군으로 영국을 침공할 계획을 세워 놓고 있었다. 영국 해협만 건널 수 있다면 영국 정복이야 식은 죽 먹기라 장담하고 있었다. 그런데 영국 해협을 건너는 게 문제였다. 넬슨의 지중해 함대가 스페인 남단 카디스 항에 집결해 있는 프랑스, 스페인 연합함대를 봉쇄하고 있었기 때문이다. 넬슨 함대를 따돌리고 빠져나와야 영국 침공작전에 투입할 수 있는 것이다. 1805년, 답답한 나폴레옹은 프랑스, 스페인 연합함대에 명령을 내렸다. 즉각 카디스항을 빠져나오라는 것이었다.

트라팔가 해전을 앞두고 유서 작성

"와! 프랑스 함대가 출항했다!"

트라팔가 곶 앞 바다 먼 수평선 위로 프랑스 함대가 모습을 드러냈지만 넬슨 제독은 태연했다. 만반의 준비를 갖춰 놓고 있었기 때문이다. 그는 우선 영국 함대를 두 전대로 나눠 전진토록 했다.

"두 줄로 나눠서 접근하라!"

두 줄로 나눠 공격하는 것은 한 줄로 길게 항해하는 프랑스 함대를 두 동강으로 갈라놓기 위한 전략이었다. 넬슨 제독은 명령을 내린 뒤 갑판 아래로 내려가 유서를 작성했다. 그리고는 옆에 서 있던 부관에게 말했다.

"블랙우드 선장, 자네에게 신의 축복이 있길 바라네. 다시는 자넬 볼 기회가 없을 거네!"

블랙우드 선장은 이 말을 듣고 깜짝 놀랐다. 넬슨 제독은 자신의 죽음을 예견하고 있었던 것이다. 그는 통신 장교를 불러 모든 병사들에게 결전을 앞둔 각오를 새로이 하도록 명령을 하달했다. 기선 빅토리 호의 돛대에는 즉각 신호기가 게양됐다.

"영국은 모든 병사들이 각기 임무를 다할 것을 기대하고 있다!"

조국을 위해 목숨을 던질 각오를 다지라는 말이었다. 넬슨 제독은 이제까지의 전쟁에서 늘 그랬듯이 영국 함대 선봉에 섰다. 그가 탄 빅토리 호는 이번에도 영국 함대 맨 앞에서 가장 먼저 적군의 포화를 맞게 될 것이었다.

두 줄을 지어 접근하는 영국 함대의 맨 앞에는 빅토리 호와 로열 소버린 호가 있었다. 먼저 스페인 전함 산타 아나 호가 로열 소버린 호에 포문을 열었다. 이때가 바로 정오. 영국과 프랑스 제국의 운명을 갈라놓을 대해전이 개시된 것이다. 스페인의 다른 전함들도 머스켓 총을 마구 쏘아댔다. 그런데 웬일일까? 로열 소버린 호는 일절 아무런 반응 없이 묵묵히 전진만 하고 있으니. 포연에 파묻힌 로열

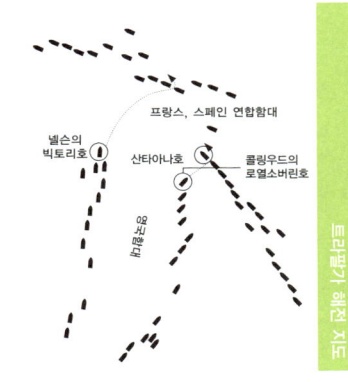

트라팔가 해전 지도

소버린 호는 혹시 고물선이 아닐까? 스페인 수병들이 포연이 걷히는 로열 소버린 호를 의아하게 쳐다보고 있는 순간, 로열 소버린 호가 갑자기 일제히 불을 뿜었다. 목을 빼고 쳐다보고 있던 산타 안나 호 수병 무려 400여 명이 순식간에 갑판에 고꾸라졌다.

손수건으로 내 얼굴을 덮어 줘

넬슨 제독이 탄 빅토리 호는 프랑스 총사령관 비유뇌브 Villeneuve 제독이 승선한 전함을 찾아 계속 전진했다. 스페인의 3층짜리 전함 산티시마 트리니다드 호가 엄청난 화력을 쏟아 냈다. 빅토리 호의 영국군 50명이 사살되고 30명이 부상했다. 빅토리 호는 무조건 전진했다. 그러다가 프랑스 전함 르두타블 호와 부딪혔다. 서로 상대방을 향해 포문을 열면서 두 전함은 자욱한 포연 속에 갇혀버렸다. 깨끗한 제복으로 갈아입은 넬슨 제독은 갑판 한가운데 서 있었다. 어깨에는 황금빛 견장이, 가슴에는 훈장과 메달이 찬란하게 빛나고 있었다. 팔 없는 오른쪽 소매가 바닷바람에 마구 펄럭였다. 그는 전투를 앞두고 모든 옷과 장신구를 새로 세탁하거나 반짝반짝 닦아 놓았던 것이다. 포연이 걷히면서 넬슨 제독의 윤곽도 점점 뚜렷하게 드러났다. 화려하게 차려 입은 그의 모습을 프랑스 저격수들이 놓칠 리 있겠는가? 저격수 하나가 머스켓 총구를 넬슨에게 겨누었다.

"피융!"

"억!"

머스켓 총알 한 방이 넬슨의 왼쪽 어깨에 명중했다. 총알은 어깨를 뚫고 폐를 관통해 척추에 꽂혔다. 그는 죽음이 불가피하다는 걸 직감하고 있었다.

"놈들이 마침내 날 죽였군. 하지만 내 척추는 뚫지 못했어!"

부관들이 달려들어 피로 흥건히 젖은 그의 몸을 끌어안았다.

"여보게. 나 죽거든 내 머리털을 잘라서 에마 부인에게 전해 주게. 그리고 손수건으로 내 얼굴을 덮어 줘."

사랑하는 사람에게 머리털을 잘라 기념품으로 전해 주는 것은 당시 유럽의 풍습이었다. 손수건으로 얼굴을 덮으라는 것은 병사들에게 죽음을 알리지 않기 위해서였다. 수병들이 넬슨을 급히 갑판 아래로 옮겼다. 갑판을 향해 머스켓 총탄들이 마치 성난 우박처럼 쏟아지면서 수병 40여 명이 고꾸라졌다.

"와! 영국놈들이 죄다 쓰러졌다! 일제히 영국 전함으로 건너가!"

"와! 영국놈들을 모조리 쓸어버려라!"

프랑스 수병들이 빅토리 호로 건너뛰었다. 그러나 그들이 승선한 순간, 빅토리 호 갑판 아래 숨어 있던 영국 수병들 수백 명이 일제히 칼을 들고 뛰쳐나왔다.

"이놈들! 어디 감히! 얏!"

"끼약!"

"꺅!"

멋모르고 빅토리 호에 뛰어올랐던 프랑스 수병들은 추풍낙엽처럼 떨어졌다. 이때 바다로 투신하는 수병들도 많았다. 영국군의 유인 전술에 걸려들었던 것이다.

"난 이제 임무를 다했네"

갑판 아래에 쓰러져 있는 넬슨 제독은 아직 목숨은 끊이지 않았다. 그때 하디 선장이 헐레벌떡 뛰어왔다.

"제독님, 벌써 적선 14척이 침몰했습니다!"

"잘했군…. 꺼억, 꺼억… 그… 그런데 난 20척을 목표로 하지 않았었나? 여하튼 우리가 이겼군…."

잠시 알아듣기 어려운 말을 간신히 중얼거리던 넬슨은 마지막으로 또렷한 목소리로 말했다.

"난 이제 임무를 다했네. 신에게 감사하네…."

세기의 해전이 끝났다. 영국 함대 27척 가운데 격침된 전함은 단 한 척도 없었다. 그러나 인명 피해는 컸다. 전사자 400여 명을 포함해 모두 1,500명의 사상자가 났다. 프랑스와 스페인 연합함대는 대파되어 총 33척 가운데 18척이 격침됐다. 그리고 14,000명이 전사하거나 부상했다. 영국의 압승이었다. 포연이 걷힌 뒤에야 영국 수병들에게 넬슨 제독이 죽었다는 소식이 전달됐다. 그때 전함마다 울음바다가 됐다. 그의 시체는 브랜디 통에 넣어졌다. 브랜디가 방부제 역할을 하기 때문이었다. 브랜디에 담긴 그의 시체가 도착하자 영국도 오열했다. 1840년 런던 중심부 광장에는 넬슨 제독의 동상이 세워졌다. 가난한 목사의 아들로 태어나 체구도 작고 잔병치레도 많았던 그가 영국 해군 사상 가장 추앙받는 명장이 되리라고는 아무도 예측하지 못했다.

물불을 가리지 않는 성미

넬슨은 어려서부터 목적 달성을 위해서는 물불을 가리지 않는 대담한 승부사였다. 때문에 전투의 승패를 가르는 순간에 상관의 명령을 어긴 적도 많았다. 1801년 코펜하겐 앞 바다에서 벌어진 덴마크 함대와의 해전에서도 그랬다. 당시 그는 파커Hyde Parker 제독 바로 아래 부사령관이었다. 한창 전투 중 파커 제독으로부터 전투를 중지하라는 신호를 받았다. 파커 제독은 당시 61세. 오랜 해군장교 생활을 하면서 상금도 많이 받아 돈도 꽤 모아 뒀고, 43세 연하의 앳된 여자와 결혼을 한 지도 얼마 되지 않았다. 그래서 전투를 벌이다 죽고 싶은 생각은 추호도 없었다. 아무리 그래도 그렇지? 넬슨은 어처구니없는 명령이라는 듯 고개를 갸우뚱거리며 부관에게 이렇게 말했다.

"난 한쪽 눈밖에 없네. 가끔 못 볼 수 있는 권리가 있어I have only one eye. I have a right to be blind sometimes. I really do not see the signal." 정말 전투중지 신호는 못 본 것으로 하세. 'Turn a blind eye'라는 영어숙어도 이 일화에서 비롯된 것이다. 넬슨은 코펜하겐 전투를 승리로 이끌었다.

그는 사랑을 위해서도 물불을 가리지 않았다. 그는 지중해 함대를 이끌던 시절 나폴리에 들렀다가 에마 부인을 만났다. 그녀는 나폴리 주재 영국 대사 해밀턴 경의 부인이었다. 비록 창녀 출신이었지만 7개 국어에 능통하고, 나폴리 사교계의 여왕으로 행세하고 있었다. 그녀는 넬슨의 통역을 해주기도 하고, 병간호를 해주기도 했으며, 모든 사교 모임에 넬슨과 동행했다. 넬슨은 영국에 두고 온 부인은 전혀 개의치 않고 에마와 공공연한 열애에 빠졌다. 그녀와의 사이에 딸 호레이셔 Horatia도 낳았다. 그래서 왕실이나 영국 상류층은 오랫동안 넬슨을 후안무치한 인간이라며 백안시하기도 했다. 넬슨은 죽을 때 "에마와 호레이셔를 영국 정부가 잘 돌봐 달라"고 간곡히 부탁했지만, 이 유언은 전혀 반영되지 않았다. 그의 부인과 동생은 국가유공자 유족으로 풍족한 연금을 타며 살았지만, 에마와 호레이셔는 가난에 허덕이며 살다가 세상을 떠났다.

넬슨의 물불을 가리지 않는 대담함 이면에는 강한 명예욕과 허영심도 자리 잡고 있었다. 그는 메달과 훈장을 달고 다니는 것을 좋아하기로 정평이 나 있었다. 이런 적도 있었다. 그가 큰 전쟁을 치른 뒤 터키 왕으로부터 '첼렝크Chelengk'라는 선물을 받았다. 새의 깃털에 다이아몬드를 잔뜩 박아놓은 것이었다. 웬만한 사람 같으면 집에 전시해 놓는 것으로 족했을 것이다. 하지만 넬슨은 달랐다. 부관들이 말렸지만 모자 꼭대기에 꽂고 다니겠다고 한사코 우기는 것이었다. 더구나 그 깃털 맨 위에는 작은 회전 장치가 붙어 있었다. 태엽처럼 감았다

놓으면 시계 방향으로 뱅글뱅글 돌아가는 장치였다. 그가 저명인사들과 만나 대화할 때마다 모자에 박힌 회전 장치는 끊임없이 돌아가면서 상대방의 넋을 빼앗곤 했다. 그의 이같은 허영심은 영국의 풍자가들의 소재가 되기도 했다.

---

* 넬슨은 정말 안대를 착용했을까?

할리우드 영화에서 넬슨 제독이 한쪽 눈에 안대를 착용한 것으로 묘사한 적이 있다. 하지만 실제로는 안대를 착용하지 않았다. 그가 안대를 착용한 초상화도 발견되지 않는다. 그는 오른쪽 눈의 시력만 완전히 상실했을 뿐 외견상으로는 표시가 나지 않았다. 그래서 그는 팔에 대해서는 영국 해군으로부터 장애보상을 받았지만, 눈에 대한 보상은 받지 못했다는 기록이 남아 있다. 그가 모자에 한쪽 안대를 매달고 다녔다는 기록은 있으나, 이는 햇빛으로부터 건강한 왼쪽 눈을 보호하기 위한 것이었다.

* 전함에도 여자가 탔을까?

1587년 영국 해군 당국은 여성들의 전함 승선을 금지하는 조항을 만들었다. 하지만 실제로는 여성들이 승선하는 경우가 많았다. 특히 군함이 항구에 정박할 때쯤 매춘부들이 많이 승선했다. 1809년 캐밀라 호 선장은 이렇게 기록했다. "수병들이 여성 두 명씩을 데리고 승선하는 경우도 많았다. 어느 땐 남성보다 여성이 더 많았다. 수병과 매춘부들이 수백 명씩 하갑판에 내려가 아무런 수치심 없이 마치 개처럼 적나라하게 교접하곤 했다."
장교 부인들은 반영구적으로 배 안에서 생활했으며, 전투 중 출산하는 경우도 기록돼 있다. 이들은 부상병들이 수술을 받을 때 의사를 돕거나 포탄을 날라 주는 역할도 맡았다.

03 크리스토퍼 콜럼버스

1451~1506.
이탈리아의 탐험가로 아메리카를 발견.

가는 곳마다 살인을 자행했던 살인마

아래 사진은 콜럼버스와 그의 아메리카 탐험함대. 오른쪽 사진은 사납기로 이름난 영국산 맹견 마스티프다. 보통 120kg이나 나가는 맹견 중의 맹견이다. 콜럼버스와 이 맹견이 무슨 상관이냐고? 콜럼버스는 아메리카에 건너갈 때 이 맹견들을 싣고 갔다. 인디언 살육전에 조직적으로 동원하기 위한 목적이었다. 실제로 마스티프는 인디언 어린이들은 통째로 집어삼켰고, 어른들도 한입에 희생되곤 했다. 소름이 쫙 끼치는 이야기지만 사실이다!

콜럼버스의 아메리카 함대

무난하게 끝난 1차 항해

콜럼버스가 스페인 이사벨 여왕의 지원을 받아 첫 항해에 나선 것은 1492년. 항해의 최대 목적은 금이었다. 그는 90명이 나눠 탄 작은 배 세 척을 거 느리고 카리브 해의 서인도 제도에 상륙했다. 그곳이 인도인 줄 잘못 알고 원주민들을 인디언이라 불렀다. 서인도 제도의 아이티(현재의 히스

파니올라) 섬에 사는 인디언들은 남녀를 불문하고 모두 벌거숭이로 돌아다녔다. 콜럼버스가 기록한 일기에 따르면, 백인들이 칼을 빼들고 나타나자 인디언들은 신기한 듯 달려와 음식과 물, 돌창 등을 갖다주며 환대했다. 어떤 인디언들은 칼날을 만져보다 손가락을 베이기도 했다. 인디언들에게 철제무기는 난생처음이었던 것이다. 그들은 콜럼버스 일행이 물을 갖다달라면 얼른 뛰어가 물을 갖다주고, 손에 쥐고 있는 돌창을 달라면 아무 거리낌 없이 내주었다. 어떤 심부름이든 시키기만 하면 전혀 서슴지 않고 들어줬다. 콜럼버스는 무릎을 탁 쳤다.

"허, 세상에 저렇게 순진한 사람들이 있다니? 간이라도 빼

달라면 빼 주겠군. 하인으로 부리기에는 딱 안성맞춤이야!"

어떤 인디언들은 작은 금붙이를 갖고 있었다. 콜럼버스는 옳거니 쾌재를 불렀다. 인디언들을 족치면 금을 얼마든지 얻을 수 있을 것이라 판단했던 것이다. 그는 일기에 이렇게 적었다.

"난 인디언 몇 명을 강제로 잡아 뒀다. 이 섬 어느 곳에서 금이 나는지 알아볼 심산이었다."

제2차 항해부터는 살육전

콜럼버스는 1차 항해를 마치고 스페인에 귀국할 때 39명을 아이티 섬에 남겨 놓고 떠났다. 스페인에 돌아가 이사벨 여왕에게 2차 항해에서는 엄청나게 많은 금과 노예들을 데려올 수 있다고 떠벌렸다. 이 덕분에 2차 항해 때는 배 17척에 선원 1,200여 명이 모여들었다. 선원들은 대부분 전직 군인들과 범죄자들이었고, 대포와 창, 칼, 갑옷, 말까지 싣고 대서양을 건넜다. 완전 무장한 군인들인 셈이었다. 이들이 아이티 섬에 돌아와 보니 스페인 사람 39명 전원이 온데간데없었다. 콜럼버스는 인디언 마을을 샅샅이 뒤져보도록 했다. 그러던 어느 날 사람 뼈다귀들이 여기저기 흩어져 있는 게 발견됐다.

"어, 이것 좀 봐. 사람 뼈다귀야."

"이거 혹시 스페인 사람들 뼈 아니야?"

맞는 말이었다. 인디언들은 스페인 사람 39명 전원을 잡아먹었던 것이다. 왜 잡아먹었을까?

1차 항해 때 아이티 섬에 남아 있던 스페인 사람들은 인디언들을 몹시 못살게 굴었다. 한 명당 최고 5명씩의 인디언 여성들을 거느린 채 금을 캐는 데만 혈안이 돼 있었다. 기고만장한 스페인 사람들은 이 마을 저 마을을 돌아다니며 안하무인으로 행패를 부리다 식인종 마을에까지 다다랐다. 사람까지 잡아먹는 식인 인디언들이 칼을 든 백인들이 나타났다고 고분고분할 리 없었다. 인디언들은 스페인 사람들이 술에 취해 있는 틈을 타 일제히 모두 살해해버렸다. 이 사실을 알아낸 콜럼버스는 분기탱천했다.

"식인종 마을 사람들을 모조리 죽여버려라! 단 한 놈 남기지 말고!"

식인종뿐 아니었다. 그때부터 인디언들에 대한 대대적인 무차별 살육전이 개시됐다. 한 인디언 마을에서는 마을 사람 700명 전원을 생포해 창과 칼로 무참하게 찔러 죽였다.

3차 항해와 4차 항해 등 항해가 거듭될수록 스페인 사람들의 만행은 더욱 심해졌다. 콜럼버스는 인디언들을 죽이는 데는 굳이 인력을 낭비할 필요도 없다고 생각했다. 그래서 몸집이 인디언들의 두 배나 되는 맹견 매스티프를 대거 끌고 왔다. 맹견 한 마리가 50명의 병사보다 더 낫다고 판단했던 것이다. 아니나 다를까? 1495년 한 인디언 마을을 공격할 때 이 맹견들은 한 마리당 인디언들을 평균 백 명씩 물어 죽였다고 한다. 같은 해 콜럼버스는 대규모 노예생포작전도 펼쳤다. 여러 마을에서 인디언 1,500명을 생포해 큰 돼지우리 같은 곳에 가둬놓았다. 우리 밖에서는 탈출을 막기 위해 매스티프 수십 마리가 날카로운 이빨을 드러내며 짖어대고 있었다. 콜럼버스는 1,500명 가운데 가장 튼튼해 보이는 500명을 가려냈다. 스페인에 데려가 노예로 팔 요량이었다. 하지만 항해 도중 500명 가운데 200명이 숨졌다. 벌거벗은 채 제대로 된 음식조차 먹지 못하니 어찌 보면 당연한 일이었다.

신부가 증언하는 '인디언 씨 말리기'
서인도 제도에 정착했던 스페인 사람 가운데 라스 카사스 Bartolome Las Casas라는 신부가 있었다. 그도 처음에는 인디언들을 이용해 농장을 경영하다가 인디언들의 참상을 보고 뉴우쳐 『인도제도의 유린The Devastation of the Indies』이라는 책을 집필했다. 그 책에는 인디언들의 참상이 적나라하게 기술돼 있다.

"콜럼버스는 14세 이상의 인디언들에게 석 달마다 1번씩 일정량의 금을 캐오도록 의무화했다. 할당된 금을 캐오면 구리 토큰을 한 개씩 나눠 주고 목에 걸고 다니도록 했다. 스페인 사람들은 토큰이 없는 인디언들을 보면 손을 잘라버렸고, 그런 인디언들은 대개 피를 흘리다 죽곤 했다."

아이티 섬에는 이렇다 할 금광이 없었다. 금이라야 하천의 모래에 섞여 있는 찌꺼기뿐이었다. 그러니 할당량을 채우지 못하는 인디언들은 도망칠 수밖에 없었다. 그렇게 도망치는 인디언들은 매스티프의 밥이 되었다. 체구가 작은 인디언들이 120kg이나 나가는 맹견 매스티프의 사나운 이빨을 벗어날 방법은 전혀 없었다. 스페인 사람들은 인디언 갓난아기들을 매스티프의 먹이로 던져 주기도 했다. 석기문화를 벗어나지 못하는 인디언들이 갑옷, 창, 칼, 말, 구식소총 등으로 무장한 스페인 병사들에게 저항하기도 어려웠다. 간혹 저항하다 잡히면 불에 태워 죽였다. 결국 많은 인디언들이 카사바cassava

독을 먹고 자살하는 경우가 비일비재했다.

콜럼버스가 아이티 섬에 도착한 2년 동안 전체 인구 300,000명 가운데 1/3인 무려 100,000명이 목숨을 잃었다. 1508년에는 60,000명밖에 남지 않았고, 1548년에는 불과 500명 이하로 떨어졌다. 1650년에는 인디언 원주민들의 씨가 완전히 말라버렸다. 스페인 사람들이 얼마나 가혹했으면! 라스 카사스 신부는 인디언 대신 아프리카의 흑인들을 데려와 부려 먹자고 주장했으나, 흑인들이라고 해서 스페인 사람들의 착취를 견뎌 낼 리 없었다. 흑인들도 마찬가지로 쓰러져 갔다. 멕시코 인디언들도 서인도 제도의 인디언들과 비슷한 운명이었다. 1519년 25,000,000명에 달하던 인디언들은 1605년 1,000,000명으로 곤두박질했다. 백인들의 착취와 만행을 웅변하는 수치였다.

라스 카사스 신부는 스페인 정복자들 하나하나가 마치 군왕처럼 행세했다고 적고 있다. 급히 뛰어갈 일이 생기면 인디언들의 등에 타고 다녔다. 좀 더 먼 곳에 갈 때는 천이나 줄로 만든 흔들의자 해먹hammock에 벌렁 드러누웠다. 그리고는 대여섯 명의 인디언들로 하여금 들고뛰도록 했다. 그뿐인가? 인디언 한 명에게는 따로 큰 나뭇잎을 들고 함께 뛰도록 했다. 그의 임무는 열대지방의 지글지글 타오르는 태양으로부터 해먹에 드러누운 백인을 나뭇잎으로 가리는 거였다. 부채질하는 인디언도 따로 따라붙었다. 결국 스페인 사람 한 명이 이동할 때마다 해먹을 드는 인디언들, 햇볕 가리는 인디언, 부채질하는 인디언 등이 동시에 박자를 맞춰가며 전속력으로 뛰어야 했던 것이다!

칼 잘 드는지 인디언 잘라 봐!

자칭 기독교도라는 스페인 사람들까지도 끔찍한 만행을 서슴지 않았다. 라스 카사스 신부가 목격한 두 스페인 청년들의 대화다.

"저것 좀 봐. 저 두 인디언 소년들이 앵무새를 갖고 가는데?"
"정말, 괜찮은 앵무새군. 우리가 빼앗아버리지 뭐."
"쟤들은 어떡하지?"
"우리 둘이 각자 한 놈씩 단칼에 목을 베어버리지."

스페인 사람들은 이처럼 재미로 인디언들을 죽였다. 칼날이 잘 드는지 시험하기 위해, 혹은 누가 단칼에 인디언들을 두 동강이 낼 수 있는지 시합할 목적으로 마구 칼을 휘두르기도 했다. 인디언 남자들은 금광에서, 인디언 여자들은 농장에서 혹사시켰다. 얼마나 혹사시켰는지 인디언 여성들이 아이를 낳으면 젖이 안 나와 죽어가곤 했다. 쿠바에서는 석 달 만에 무려 7,000명의 갓난아이들이 이렇게 죽었다고 라스 카사스 신부는 기술하고 있다.

"남편들은 금광에서, 아내들은 농장에서 죽어 갔다. 아이들은 젖을 못 빨아 숨져 갔다. 이렇게 많은 인명이 그렇게 짧은 기간에 죽어 가기는 인류 역사상 전례가 없을 것이다. 난 인간의 본성과는 너무도 낯선 만행들을 두 눈으로 똑똑히 목격했다. 난 지금 이 책을 쓰는 순간에도 떨고 있다…."

1519년, 일부 스페인 신부들이 본국정부에 인디언들의 참상을 전하기도 했다. 하지만 별다른 조치가 취해지지 않았다. 스페인 사람들은 처음부터 인디언들을 노예나 전쟁의 노획물로 생각했기 때문이다. 인디언들을 인간적으로 대할 경우 그 경제적 부담을 감당하기가 불가능하다고 판단했다. 그래서 일을 시키다 죽도록 내버려 두는 것이 가장 경제적이라 여겼다. 혹시 인디언들이 백인 단 한 명이라도 죽이는 날에는 대학살이 뒤따랐다. 스페인 측은 피살된 스페인 사람 한 명당 인디언 수백 명씩을 보복으로 죽인다는 불문율을 만들어 놓고 있었다. 일부 인디언 부족들의 식인풍습은 스페인 사람들의 만행을 더욱 부채질했다.

 인디언들은 왜 그리 무력했을까? 콜럼버스가 맨 처음 발을 내딛기 전까지만 해도 남미와 북미 대륙에는 총 75,000,000명의 인디언들이 살고 있었다. 콜럼버스가 정복한 서인도 제도에만 2,000,000~3,000,000명의 인디언들이 거주하고 있었다. 하지만 16세기 말에는 겨우 수천 명밖에 살아남지 못했다. 이렇게 많은 인구가 왜 그리 쉽게 무너졌을까? 인디언들은 우선 철제무기가 없었다. 또 최신무기로 무장한 유럽 군대에 맞서 조직적인 대규모 저항을 계획할 만한 탁월한 지도자도 없었다. 더욱이 인디언들은 적어도 처음 대하는 백인들을 하늘에서 내려온 신으로 착각했다. 그래서 인디언 황제나 추장들은 인디언들의 사망자가 늘면 인디언 병사들을 우상을 모신 토템에 끌고 가 제물로 바친다며 희생시키는 어처구니없는 일이 곳곳에서 벌어지기도 했다. 백인들과 맞서 싸우기보다는 우상들의 혼을 달래 생존해 보려 했던 것이다.

 미국에서 매년 10월 두 번째 월요일은 콜럼버스 데이

Columbus Day라고 불리는 공휴일이다. 이날은 콜럼버스의 미주 발견을 경축하는 날이다. 전미교회협회National Council of Churches는 "콜럼버스 데이가 축하의 시간이 아니라 반성과 참회의 시간이 돼야 한다"고 말한다. "백인들이 탄압, 타락, 대량학살의 역사를 계속해 왔음을 인정해야 한다"는 것이다.

콜럼버스는 인디언 학살을 맨 처음 주도한 인물이다. 하지만 미국의 초등학교 역사교과서에는 그의 1차 항해에 대한 것만 실려 있다. 잔혹한 학살의 역사였던 2차 항해부터는 언급돼 있지 않다. 역사는 공정하고 정확해야만 후손들에게 교훈을 남길 수 있다. 미국의 50개 주 가운데 17개 주가 뒤늦게나마 콜럼버스 데이를 공휴일로 인정할 수 없다고 나서고 있는 것도 이런 인식 때문이다.

＊콜럼버스는 북미 대륙을 구경이라도 해봤을까?
그는 북미 대륙을 보지도 못하고 죽었다. 그가 맨 처음 가본 곳은 산살바도르와 아이티, 푸에르토리코 등 서인도 제도에 있는 섬들이었다. 나중에

는 남미 북단과 중미 동해안을 거쳐 간 것으로 기록돼 있다. 그런데도 미국인들은 콜럼버스가 서인도 제도에 처음 도착한 날을 '콜럼버스 데이'라 하여 연방공휴일 8일 가운데 하루로 기념하고 있다. 미국을 구경조차 못한 그를 국가적 영웅으로 떠받들고 있는 것이다.

＊콜럼버스가 처음으로 전파한 것들은?

그의 항해를 계기로 인디언들이 피우던 담배와 코카인이 처음으로 유럽에 소개됐다. 인디언들 사이에 유행하던 성병 매독syphilis도 유럽에 처음으로 퍼졌다. 유럽 인으로부터는 홍역, 천연두, 장티푸스, 디프테리아가 아메리카로 건너와 인디언들에게 전염됐다. 그의 2차 항해 때 말이 처음으로 인디언들에게 선을 보였다. 1498년 3차 항해 때 백인 여성들도 처음으로 승선이 허용됐다. 스페인 남성 이민자 10명당 1명의 여성이 서인도 제도로 갈 수 있었다.

＊인디언들의 식인풍습cannibalism

스페인 사람들이 인디언들을 인간 이하로 취급하도록 하는 데 톡톡히 일조를 한 것이 바로 인디언들의 식인풍습이었다. 사람을 잡아먹는 인디언들을 인간으로 대우해 줄 필요가 없다는 것이었다. 식인풍습이나 인간을 태양신에 대한 제물로 바치는 의식은 멕시코의 아즈텍 제국, 남미 안데스 산맥지대의 잉카 제국, 미국 이로쿠아 족, 카리브 족들 사이에서 널리 성행했다. 제물 의식의 경우, 먼저 돌칼로 희생자의 가슴을 내리쳐 연 다음 재빨리 팔딱이는 심장을 꺼내 신에게 바쳤다. 의식이 끝나면 잔치를 베푸는데, 이때 희생자의 팔다리와 머리를 잘라 냈다. 팔다리는 먹고, 머리는 나무에 걸어 놓았다. 몸체는 먹지 않고 짐승들에게 던져 줬다. 잉카 제국의 경우 인간제물을 바칠 때 슬퍼하는 부모는 처벌하는 법을 두고 있었다. 이런 종교의식을 떠나 습관적으로 사람을 잡아먹는 부족들도 많았다. 희생자의 살은 고춧가루와 토마토를 뿌려 삶아 먹었는데, 특히 어린이들을 진미로 여겼다.

04 윈스턴 처칠

1874~1965.
제2차 세계대전 중 영국의 총리로 전쟁 승리의 주역.
회고록 「제2차 세계대전」으로 노벨 문학상 수상.

술 담배 없이는 살 수 없었던 알코올중독자

전투기 타고서도 시가 피우는 방법 없나?

윈스턴 처칠은 왜 사진마다 시가(궐련)를 입에 물고 있을까? 물론 지독한 니코틴 중독자였기 때문이다. 얼마나 지독한 중독자였을까? 2차 세계대전 중 한 번은 총리로서 전투기를 타고 한 공군기지까지 고공비행을 해야 할 일이 생겼다. 이는 조종사들을 격려하기 위한 행사였다. 행사 전날 밤 준비 차 공군비행장에 들렀다.

한 공군장교가 산소마스크와 조종사복을 든 채 말했다.

"각하. 조종실 기압이 일정치 않아서 산소마스크를 쓰셔야 합니다."

"그럼 시가를 어떻게 피우나? 난 시가를 잠시라도 안 피우곤 못 견디는데?"

시가를 피고 있는 처칠

세상에 산소마스크를 쓴 채 담배를 피우겠다니…. 하지만 기세등등한 총리 앞에서 일개 공군 장교가 어쩔 수 있나? 결국 영국 공군 기술자들은 다음 날 산소마스크에 구멍을 뚫어 처칠에게 착용토록 했다. 그는 15,000피트 상공에서 산소마스크를 쓴 채 시가를 피운 인류사상 최초의 유명 인사였다!

전쟁이 막바지로 치닫고 있던 1945년 2월, 그는 사우디아라비아의 이븐 사우드 왕을 위한 오찬을 주재하게 됐다. 그런데 문제가 생겼다. 사우디 왕이 참석하는 자리에서는 흡연이나 술이 허용되지 않는다는 것이었다. 처칠은 통역을 통해 즉각 이의를 제기했다.

"사우디 국왕 폐하가 이슬람교에 따라 술과 담배를 안 하는 건 자유입니다. 하지만 식사 중 술과 담배는 내게 종교의식 못지않은 신성한 의식의 하나죠."

처칠이 의외로 거센 반응을 보이자 사우디 국왕은 두 손을 들었다. 처칠은 니코틴 중독이 어찌나 심했던지 외교적 마찰 위험까지도 불사했던 것이다.

침대, 양복, 잠옷에 담뱃재 구멍 송송

그의 하루는 시가로 시작됐다. 아침 8시 반, 눈을 뜨자마자 침대에서 시가를 문 채 주요 신문을 모조리 읽었다. 그는 사실상 늘 시가를 입에 물고 살았으므로 양복이 성할 리 만무했다. 시가를 입에 문 채 책을 읽다가 담뱃재가 떨어져 양복에 뚫린 구멍을 수선해야 하는 일이 비일비재했다. 어디 양복뿐인가? 침대와 파자마에도 구멍이 송송 뚫렸다. 보다못한 부인 클레멘타인이 턱받이를 만들어 저녁마다 차고 있도록 했다. 젖먹이 아이들이 음식을 먹을 때 옷을 더럽히지 않도록 해주는 턱받이와 비슷한 것이었다.

처칠을 자기 집에 한 번이라도 초청해 본 사람들은 다시 초청하기를 무척 꺼려했다. 그가 앉아 있던 소파나 의자 아래 양탄자에는 십중팔구 여기저기 구멍이 뚫려 있었기 때문이다. 한밑천 들여 장만한 값비싼 양탄자에 구멍이 뚫렸다고 상상해 보라! 얼마나 속이 뒤틀릴 것인가?

1941년 독일군의 런던 공습 때 드레이크가Drake Street에 있는 던힐 담배 가게가 폭격을 맞은 적이 있었다. 그곳에는 처칠이 즐기는 쿠바산 시가가 잔뜩 보관돼 있었다. 이후 폭격

소식을 들은 처칠은 크게 낙심했다. 자신의 시가 공급선이 끊기게 될 판이었기 때문이다. 하지만 텔레파시가 통했던지 담배 가게 주인이 즉각 처칠에게 전화를 걸어왔다.

"각하, 희소식입니다! 무사합니다!"

"뭐가 무사하다는 건가?"

"각하가 피우시는 시가가 안전하게 보관돼 있습니다."

처칠은 그제야 가슴을 쓸어내렸다. 시가를 입에 대지 못하면 일이 손에 잡히지 않을 만큼 그의 시가 중독은 심각했던 것이다.

그의 지독한 흡연 습관은 1895년 하바나에서 시작됐다. 당시 그는 영국군 장교로 쿠바에 파견돼 있었다. 그때 호기심으로 시작한 시가가 평생 습관이 돼버린 것이다. 그의 서재 옆방에는 3,000~4,000개의 시가가 늘 비치돼 있었다. 그리고 자신의 시가 상자들만큼은 늘 직접 정리해 놓았다. 혹시 해외에 나갈 때도 은으로 만든 재떨이만큼은 반드시 챙겨 가지고 다녔다. 그는 하루 8~10개나 되는 시가를 피웠다. 죽기 직전 친구들에게 평생 250,000개의 시가를 피웠다고 자랑하기도 했다. 그는 시가를 사는 데 많은 돈을 낭비했다. 그의 집에서 비서로 일하던 하월즈Roy Howells는 나중에 이렇게 회고했다.

"처칠의 이틀분 담뱃값은 내가 일주일 내내 버는 돈과 맞먹었죠. 처음에는 충격이었죠."

처칠은 시가가 3~5cm 정도 남을 때까지 피우고는 재떨이에 버렸다. 그가 자리를 비우면 비서들이 그 남은 꽁초를 모두 알뜰하게 모았다. 처칠의 정원사에게 주기 위해서였다. 그 정원사는 처칠이 피우다 버린 시가 꽁초를 주워 피우다 역시 골초가 되었다. 그는 꽁초들을 모아 잘게 부순 다음 파이프에 넣어 피우곤 했다.

아침, 점심, 저녁 온종일 알코올

그는 아침에 눈을 뜨면 침대에서 시가와 함께 스카치위스키 한 잔을 마시는 경우가 많았다. 점심과 저녁 식사를 할 때도 반드시 샴페인을 마셨다. 그러다 보니 그의 혈관에는 항시 알코올이 흐르고 있었다. 그는 알코올에 대한 확고한 철학을 갖고 있었다.

"알코올이 내게 얻은 것보다 내가 알코올로부터 얻은 게 더 많다."

하지만 술에 취해 일을 망치는 경우는 거의 없었다. 술을 몇

잔 걸치며 식사가 끝나면 꼭 낮잠을 잤다. 낮잠을 잔 뒤에는 목욕도 했다. 그가 새벽 3~4시까지도 끄떡없이 버틸 수 있었던 비결이었다. 밤 12시에 참모 회의를 여는 일도 허다했다. 참모들이 배고파하든 피곤해하든 전혀 개의치 않았다.

이처럼 시가에 중독된 처칠의 입에서 물고 있는 시가를 확 빼앗아버린다면 어떻게 될까? 1941년 12월, 실제로 그런 일이 있었다. 당시 그는 캐나다의 수도 오타와를 방문하던 중이었다. 카쉬Yousuf Karsh라는 사진기자가 캐나다 의회건물에서 처칠의 사진을 찍기로 돼 있었다. 하지만 처칠은 입에서 영 시가를 떼려 들지 않았다.

시가를 피지 못해 찡그린 처칠

'제길. 어차피 좋은 사진 찍기는 글렀군! 저렇게 시가만 물고 있으니.'

카쉬는 궁리 끝에 처칠이 물고 있는 시가를 느닷없이 낚아챘다.

"용서하십시오, 각하!"

이렇게 말함과 동시에 셔터를 눌렀다. 처칠의 찡

그린 얼굴이 카메라에 잡혔다. 이 사진 한 장으로 카쉬는 일약 세계적인 스타 사진기자가 되었다.

당시에는 음주와 흡연에 대한 상식이 거의 전무한 상태였다. 때문에 처칠도 그릇된 생각을 갖고 있었다. 그는 친구들에게 이렇게 자랑한 적이 있다.

"난 잠도 조금 자는데 컨디션은 200%야. 그건 다 술과 담배를 많이 하는 덕분이지."

그는 술과 담배를 즐기는 것이 건강의 비결이라고 믿고 있었다.

처칠의 리더십은 조울증 덕분?

과학자들은 그가 조울증을 앓았었다고 말한다. 조울증은 감정의 기복이 비정상적으로 심한 정신질환이다. 기분 좋을 땐 하늘을 나는 것 같다. 모든 게 가능해 보이고 불가능은 없다는 환상과 자신감에 사로잡히는 것이다. 그러다가 돌연 극심한 우울증에 빠진다. 걸핏하면 버럭 화를 내기도 했다. 감정이 주기적으로 극과 극을 달렸다. 이런 증세를 가라앉히기 위해 술과 담배를 찾는 경우도 많았다. 런던의 처칠 센

터와 후손들은 그가 주기적으로 극심한 우울증 증세를 보였다고 증언하고 있다. 술과 담배로 이런 우울증 증세를 달랠 수 있었는지도 모른다.

조울증을 앓는 사람들은 기분이 최상에 달하면 잠도 몇 시간 자지 않고 일에 열중하거나, 위험한 상황에서도 아무 겁 없이 행동한다. 처칠은 조울증이 발작하면 잠도 거의 자지 않은 채 놀라운 집중력을 보였다. 이 덕분에 그가 영국을 위기에서 구해냈는지도 모른다. 그가 만일 정신이 안정되고 조용한 사람이었다면 사면초가의 위기에 빠진 영국 국민들의 용기를 고취시키지 못했을 것이다.

2차 세계대전 초반 당시로서는 영국이 유럽 거의 전역을 손아귀에 넣은 나치독일과 홀로 맞선다는 것은 누가 봐도 마치 계란으로 바위 치기 격이라고 판단됐기 때문이다. 보통 사람들은 총알이 비 오듯 쏟아지는 전투 현장에 서면 저절로 움츠러들지만, 처칠은 정반대였다. 그가 쓴 편지에는 "전쟁의 스릴만큼 짜릿한 건 이 세상에 없다"고 적혀 있다. 1914년 1차 세계대전이 발발했을 때 그는 해군대신first lord of the Admiralty으로 프랑스 북부의 최전방을 방문한 적이 있다. 그는 포탄파편이 마구 쏟아지는 전투 한복판까지 아랑곳

하지 않고 걸어가 태연하게 시가를 피우며 마치 영화를 감상하듯 전투 현장을 지켜보고 있었다. 이를 목격한 서방기자는 제정신으로는 도저히 엄두가 나지 않는 행동이었다며 혀를 찼다.

처칠은 미국, 중국, 소련 등 연합국들과 함께 일제의 식민통치 종식에도 영향을 끼쳤다. 2차 세계대전이 한창이던 1943년 11월, 처칠과 루즈벨트, 장개석 등 3개 연합국 수뇌는 이집트의 수도 카이로에서 '적절한 시기에 한국을 독립시키기로 약속'하는 회담을 가졌다(카이로 회담). 전쟁이 막바지로 치닫던 1945년 2월, 처칠, 루즈벨트, 스탈린(소련) 등 3개국 수뇌는 소련 남부 휴양도시 얄타에서 종전 후 한국에 대한 신탁통치를 하기로 방향을 잡았다(얄타 회담). 같은 해 7월 처칠, 트루먼(미국), 장개석은 베를린 교외의 포츠담에서 회담을 갖고 일본의 무조건 항복을 요구하면서, 한국의 독립에 대한 국제적 약속도 재확인했다(포츠담 선언).

처칠은 원래 타고난 건강 체질이었다. 하지만 담배와 술을 많이 하다보니 후유증도 나타났다. 1953년 그는 돌연 뇌졸중이 일어나 몸의 왼쪽이 모두 마비됐다. 그가 영국 여왕으로부터 기사 작위를 받고, 『제2차 세계대전The Second World War』 회고록으로 노벨 문학상을 탄 바로 그해였다. 12년 동안 불편한 몸으로 생활하던 그는 1965년에 뇌졸중보다 더 심한 증세인 대뇌혈전증cerebral thrombosis에 걸려 의식불명 상태에 빠졌다. 마침내 열흘 후 90세를 일기로 세상을 떠나고 말았다. 그가 만일 술 담배를 절제하고 살았더라면 아마 120세까지는 거뜬하게 살았을지도 모른다.

＊처칠은 정말 여자 화장실에서 태어났을까?

처칠 부모의 집에서 무도회가 열리던 날 어머니가 여자 화장실에 들어가 그를 출산했다는 주장이 오랫동안 정설처럼 굳어져 있다. 인터넷 사이트들도 여전히 그런 주장을 사실처럼 기록하고 있다. 하지만 영국의 처칠 센터는 그런 주장을 일축한다. 처칠의 집에서 무도회가 열렸던 것은 사실이지만, 처칠은 무도회가 끝난 3일 후 태어났다는 것이다.

＊처칠은 정말 공부를 못했을까?

그는 영국에서 이튼Eton에 이어 두 번째 사립명문인 해로우Harrow 학교를 다녔다. 거기서 거의 항상 꼴찌였다. 특히 라틴 어와 그리스 어, 수학을 싫어했다. 하지만 자신이 좋아하는 영어와 역사 성적은 최상위였다. 영국의 육군사관학교 격인 왕립군사대학Royal Military College에 들어가 우등생으로 졸업했다.

✽ 구사일생으로 살아난 적 3번!

18세 때 자신을 쫓아오는 사촌과 형을 피하려고 9m 다리 아래로 훌쩍 뛰어내렸다. 이로 인해 신장이 파열돼 3일간 무의식 상태였고, 두 달간 아무 일도 하지 못했다.

보어 전쟁을 취재하러 종군기자로 남아프리카에 갔다가 보어(네덜란드계 남아공 후손들) 병사들에게 생포됐다. 감옥에서 탈출해 기차를 타고 동아프리카로 빠져나와 영국의 영웅이 됐다.

1931년 미국에 강연 여행을 하다가 뉴욕에서 차에 부딪혀 거의 목숨을 잃을 뻔했다.

✽ 처칠의 어머니는 정말 인디언계였을까?

처칠은 어머니의 할머니가 이로쿠아Iroquois 인디언이라고 말하곤 했다. 사실이라면 그는 인디언 피가 섞인 최초의 영국 총리다. 하지만 이를 뒷받침할 만한 계보학적인 증거가 발견되지 않고 있다. 처칠의 어머니 제니 제롬Jennie Jerome은 뉴욕 백만장자의 유별난 딸이었다. 왼쪽 손목 주위에 꾸불꾸불한 뱀의 문신을 새겨 넣는 등 당시 상류사회에서 자주 입방아에 오르내렸다.

＊처칠의 야한 유머?

처칠이 1946년 미국 방문 기간 중 뷔페오찬에 초대를 받았다. 프라이된 닭고기를 다 먹어치운 그는 닭 가슴살을 먹고 싶었다. 그래서 여주인에게 정중하게 물었다.

"가슴을 좀 먹어도 될까요May I have some breast?"

이 말을 들은 여주인은 얼굴이 붉어졌다. 미국 영어에서 가슴breast은 대개 여성의 젖가슴을 지칭하기 때문이었다.

"처칠 씨, 미국에서는 그럴 때 흰 고기white meat를 달라고 해야 합니다."

처칠은 정중하게 사과했다. 다음 날 아침 그는 여주인에게 멋진 난초 꽃 한 송이를 선물로 보냈다. 그 꽃에 붙어 있는 감사 카드에는 이런 글이 적혀 있었다.

"이 걸 당신의 흰 고기에 꽂으면 참 좋을 것 같군요I would be most obliged if you would pin this on your white meat."

05 칭기즈칸

1206~1227.
몽골 이름은 테무진. 몽골를 통일한 뒤 유라시아에 걸친 인류역사상 최대 제국 건설.
출생연도는 1155년, 1162년, 1167년 등으로 정확치 않다.

공포의 기마대, 치고 빠지기의 명수

20,000명으로 80,000명을 몰살시킨 기동력

아래 벽화는 13세기 초 몽골 기마병을 묘사한 그림이다. 유라시아 대륙을 휩쓸고 다녔던 병사답지 않게 가벼운 복장이다. 당시 무거운 철제 투구와 갑옷으로 온몸을 두르고 다녔던 유럽의 기사들과 무척 대조적이다. 몽골 인들이 가난했기 때문에 철제 갑옷을 입지 않았던 게 아니다. 전광석화 같은 기동력을 위해서였다. 칭기즈칸은 크고 작은 전쟁을 겪으면서 전쟁의 승패는 기동력이 좌우한다는 걸 뼈저리게 느꼈다. 전형적인 한 가지 사례를 보자.

중앙아시아를 손쉽게 정복한 칭기즈칸은 1223년 맹장 제베와 수베데이 장군으로 하여금 코카서스 산

맥을 넘어 러시아를 공략하도록 했다. 두 장군에게 떼어 준 병력은 고작 20,000명. 러시아 군은 그 4배인 80,000명에 달했다. 수적으로 보면 몽골 군이 절대 열세였다. 하지만 러시아 대군과 맞닥뜨린 제베 장군은 오히려 큰소리쳤다.

"목숨을 건지려거든 어서 항복하라!"

"뭐라고? 쥐꼬리만한 병력으로 우리 대병력을 이기겠다고?"

더구나 러시아 군은 갑옷과 투구로 완벽하게 무장한 기사들이었다. 가볍게 무장한 몽골 군에 비하면 정말 돌로 바위를 치는 격이었다.

"공격!"

러시아 기사들이 긴 창을 겨눈 채 돌진했다. 몽골 군은 러시아 군과 교전하는 듯하더니 힘에 부치는 듯 이내 달아나기 시작했다. 잡힐 듯하면 달아나고 잡힐 듯하면 달아나고. 무려 일주일간 이렇게 달아나기만 했다. 러시아 군은 기고만장했다. 그토록 무섭다던 몽골 군이 이런 종이 호랑이라니. 하지만 추격작전이 계속되면서 러시아 추격병 행렬은 길게 늘어지기 시작했다. 기마술이 탁월한 몽골 군을 쫓다보니 사람이나 말이 지칠 대로 지쳐버렸다.

후퇴중지! 반격준비!

제베 장군의 고함 소리와 함께 쫓기던 몽골 군이 일제히 멈춰섰다. 그러더니 모두 새 말로 갈아탔다. 말을 바꿔 타는 것은 지친 말을 쉬게 해 공격의 신속성을 높이기 위해서였다. 공격의 선봉에는 경기마대가 전투대형을 갖춰 늘어섰다. 경기마대는 모두 일급 궁수들이었다.

"공격 개시!"

몽골 군 경기마대는 일제히 활을 쏘며 길게 늘어진 러시아 군 대열을 휘젓고 돌아다녔다. 말을 탄 몽골 병사들의 활 솜씨는 신기에 가까웠다. 앞만 보고 추격하던 러시아 군 진영이 눈 깜짝할 사이에 흐트러졌다.

와! 모조리 쳐 죽여라!

"단 한 놈도 남기지 마라!"

몽골의 경기마대가 사라지고 순식간에 중무장한 중기마대가 나타났다. 백병전이 시작되면 중기마대가 전투를 떠맡는 것이다. 중기마대는 가볍게 무장한 경기병과는 달리 쇠미늘 갑옷에 흉갑을 두르고 전투용 도끼와 활 2개를 갖고 다녔다. 특히 3.6미터에 달하는 긴 창을 마치 장난감 갖고 놀듯 자유자재로 내질렀다. 러시아 군 선봉대는 순식간에 무너졌다. 그러자 잠시 사라졌던 경기마대가 다시 나타나 러시아 군 본진에 비 오듯 화살을 쏘아 댔다. 러시아 군이 우왕좌왕 아수라장으로 변하자 경기마대는 다시 몽골 군 중기마대에 전투를 넘기고 러시아 군 후방을 차단하기 시작했다. 러시아 군은 추풍낙엽이었다. 퇴로까지 봉쇄 당한 채 몽골 군이 휘두르는 창칼에 맥없이 쓰러져 갔다. 러시아 군이 떼를 지어 투항했다. 몽골 군은 투항한 러시아 군을 앞세워 인근 도시들로 향했다. 굶주린 몽골 군 병사들을 위한 대약탈이 시작된 것이다. 힘껏 싸운 병사들에 대한 보상이기도 했다.

식탁 밑에 깔려 죽은 러시아 왕족

약탈이 끝나고 생포된 러시아 장군들이 끌려왔다.

"네가 마티슬라프 왕자냐?"

"그렇소. 이제 우릴 어떻게 할 거요?"

"왕족의 피를 땅에 흘릴 수 있나? 피 안 흘리게 죽여 줘야지."

러시아 장군들은 얼굴이 퍼렇게 질렸다. 피 안 흘리게 죽이겠다? 몽골 군 총사령관 제베는 러시아 장군들을 땅바닥에 눕도록 했다. 그리고는 그 위에 널찍한 판자들을 올려놓았다. 무슨 짓일까?

"자, 이 판자 위에 주연 상을 차려 놓아라."

몽골 병사들은 판자 위에 식탁들을 올려놓았다. 러시아 장군들을 짓밟고 앉아 승전 자축연을 열겠다는 것이다. 그들은 술이 거나하게 취하자 바닥에 깔린 나무판들을 쾅쾅 밟으며 이리저리 걸어 다녔다. 그 밑에서는 깔려 죽은 러시아 장군들의 신음 소리가 끊임없이 흘러나왔다. 몽골 족이든 외국인이든, 왕족의 피는 절대로 땅에 흘리게 해서는 안 된다는 게 몽골 인들의 오랜 풍습이었다. 그래서 왕족을 죽일 때는 목을 베지 않고 양탄자에 둘둘 말아 굴리거나 때려죽였던 것이다.

몽골 군이 생사 속옷을 입고 싸운 까닭은?

몽골 병사들은 어릴 적부터 승마를 배웠다. 농경사회에서 성장한 유럽이나 다른 지역 병사들보다 기마술이 월등하게 나았다. 몽골 말은 덩치는 작지만 빠르고 지구력이 강했다. 몽골 기병은 이런 말을 1인당 3~4필씩 끌고 다녔다. 전투를 하다가 말이 지치면 팔팔한 다른 말로 갈아타 전광석화 같은 기동력을 유지할 수 있었다. 몽골 군의 60%는 경기마대, 나머지

40%는 중기마대였다. 모두 적군을 향해 쏜살같이 달려 나가면서 백발백중인 활 솜씨를 갖추고 있었다. 아무리 중무장한 군대라도 경기마대의 공격을 받으면 십중팔구 전열이 흐트러졌다. 전열이 흐트러지면 곧바로 중기마대가 투입됐다. 경기마대가 명궁수들이라면 중기마대는 창 쓰기의 명수들이었다. 근접 전투와 육탄전에 이골이 난 사람들이었던 것이다.

몽골 군은 기동력을 위해 전투 직전 두꺼운 철제 갑옷 대신 생사raw silk로 짠 웃옷을 껴입었다. 왜냐하면 화살은 생사를 꿰뚫고 들어가지는 못했기 때문이다. 화살촉을 제거하려면 살을 도려낼 필요 없이 그냥 생사를 잡아당기면 됐다. 이는 칭기즈칸이 전쟁터에서 얻은 지혜였다.

반면 완전무장한 중세의 유럽 기사들을 보라. 눈 구멍만 빼고는 철통으로 둘러 놓지 않았는가? 유럽 기사들은 대개 귀족 출신이었다. 그들은 귀한 몸을 훼손할까 전전긍긍이었다. 너무나 완벽한 무장을 하다 보니 갑옷 무게가 엄청났다. 투구를 쓰고, 갑옷을 입은 뒤 한 번 쓰러지면 혼자서는 도저히 일어날 수 없었다. 특히 말이 부상해 말에서 떨어지기라도 하는 날에는 옴짝달싹하지 못한 채 적군에게 생포되기 안성맞춤이었다. 이를 막기 위해 말에도 갑옷을 씌웠다. 그러니 말이 짊어져야 하는 무게가 엄청났다. 기사의 몸무게를 빼고도 말과 기사의 갑옷 무게만 최소한 70kg이 훨씬 넘었다. 그러니 말이 헉헉거리지 않을 리 있으랴? 가벼운 생사를 입고 달리는 몽골 군 기병과는 비교조차 되지 않았다.

칭기즈칸이 전역에 흩어진 몽골 부족들을 통일할 당시 몽골 총인구는 불과 700,000명 정도(지금도 몽골 인구는 불과 2,600,000명밖에 안 된다). 몽골 군 총병력도 150,000명을 넘은 적이 거의 없었다. 그가 동원했던 최대 병력은 240,000명으로 페르시아를 공격할 때였다. 그의 손자 쿠빌라이 칸은 그렇게 적은 인구와 병력으로 80,000,000명의 인구에 약 3,000,000대군을 거느린 중국을 정복하고 원나라를 세웠다.

말 피도 빨아먹고 젖도 마시고

몽골 군은 출전을 앞두고 말 젖을 받아 땅에 뿌렸다. 말과 말 젖에 감사하고 승리를 기원하기 위해서였다. 말은 몽골 인들에게 단순한 교통수단 이상의 뜻을 담고 있었다. 식량이 바닥나면 우선 말 젖을 짜서 마셨다. 보통 말 한 필에서 나오는 젖으로 3명의 배를 채울 수 있었다. 병사들이 힘이 좋은 수말 대신 암말을 선호한 건 이 때문이었다. 말 젖을 오래 발효시키면 쿠미스kumiss라는 술이 된다. 당시 몽골 병사들은 전투가 끝나면 쿠미스를 마시며 향수를 달래곤 했다(나중에 폭음문화가 확산되면서 쿠미스가 몽골 제국의 멸망을 초래했다고 보는 학자들도 있다). 비상시 암말이 없으면 수말의 정맥을 잘랐다. 잘린 정맥에서는 피가 솟구쳐 나왔다. 이렇게 솟구쳐 나오는 생피를 마시니 얼마나 혈기가 용솟음쳤을까? "말이 죽으면 나도 죽고, 말이 살면 나도 산다"라는 말은 몽골 병사들이 생명처럼 여기던 말이다. 당시 몽골 제국을 견문했던 이태리의 여행가 마르코 폴로는 "몽골 기병이 말의 피를 마시면 아무런 음식을 먹지 않고도 열흘은 버틸 수 있었다"고 기술했다.

말안장은 유럽과는 달리 철제가 아닌 나무와 가죽으로 만들었다. 나무와 가죽에 양의 기름을 문지르면 시간이 흘러도 오그라들지도 않고 금이 가지도 않았다. 더구나 철제안장보다 가볍기 때문에 말이 더 오래 버티고, 더 편안하게 탈 수 있었다. 안장에 다는 주머니 안낭鞍囊, saddlebag에 말린 고기, 요구르트, 물병 등을 넣어 비상식량으로 쓸 수 있도록 했다.

기마병의 발걸이 등자橙子, stirrup도 아주 단단하게 만들어 기마병이 달리며 시위를 당길 때 흔들림이 최소화되도록 했다. 중국의 한 사가는 몽골 인들이 말과 활 덕분에 세계를 정복하게 됐다고 기술하기도 했다.

저항하면 집단 살해, 왕은 끝까지 추적해 살해

1220년 11월, 칭기즈칸의 사위 토쿠차르는 호라즘의 니샤푸르Nishapur를 공격하다가 화살에 맞아 죽고 말았다. 몽골 군은 일단 철수했다. 하지만 이듬해인 1221년 2월, 다시 니샤푸르에 나타나 복수전을 개시했다. 두 달간의 혈전 끝에 니샤푸르를 완전히 점령했다. 칭기즈칸의 막내아들 톨루이는 철저히 분풀이하도록 지시했다.

"시민들은 모조리 죽여버려라! 단 한 놈도 남기지 말고!"

대대적인 살육전은 무려 열흘간이나 계속됐다. 죽은 사람이 하도 많아 몽골 군은 머리를 잘라 피라미드를 쌓았다. 몽골 군은 어떤 도시든 공격을 개시하기 전 항복하고 조공을 바치라고 제의했다. 순순히 말을 듣고 성문을 열어 주면 동맹군으로 대우해 줬다. 그러나 저항하면 입성한 뒤 남녀노소를 가리지 않고 시민들 전원을 무자비하게 살해했다. 아시아와 페르시아, 중동 등에는 사람들의 잘린 머리로 만든 피라미드가 주요 도시마다 발견되기도 했다. 13세기 몽골 군어 휩쓸고 다니면서 30,000,000~60,000,000명에 달하는 아시아 인구가 줄었다는 게 학자들의 분석이다(그가 1세부터 60세까지 매년 최고 1,000,000명씩이나 죽인 셈). 몽골 군이 워낙 잔인하다는 소문이 퍼지면서 그들이 들이닥치기 전에 스스로 목숨을 끊는 사람만도 중국에서만 수십만 명에 달했다고 전해진다.

몽골 군은 장교나 병사들이 전사하면 그 시신을 찾아 낙타에 실어 고향에 전달했다. 이럴 경우 낙타를 몰고 온 노비에게는 주인의 가축과 재산이 지급됐다. 만일 노비가 아닌 다른 사람이 전사자의 시신을 낙타에 싣고 오면 처와 노예, 가축, 재산을 모두 갖도록 했다. 이처럼 몽골 군은 전쟁터에서 죽더라도 고향에 묻힐 수 있다는 확신을 갖고 있었기 때문에 몸을 사리지 않고 용감하게 싸울 수 있었던 것이다.

칭기즈칸이 위대한 이유?

그는 몽골 부족장의 아들로 태어나 42세인 1206년 몽골의 크고 작은 부족들을 통일하고 최고 지도자인 칭기즈칸의 자리에 올랐다. 그때부터 죽을 때까지 정복전쟁을 벌여 서하西夏, 금金, 서요西遼, 이슬람 세계의 최강대국인 호라즘, 러시아 등을 차례로 토벌해 복속시켰다. 그는 정복한 땅들을 네 아들에게 나누어줘 후일 4 한국汗國의 기초가 되도록 했다.

그는 오랫동안 야만적 정복자로 묘사됐으나 최근에는 뛰어난 전략가로 재평가하는 분위기가 강하다. 정복과정 자체는 잔인하고 야만적이었으나, 일단 정복된 지역에 대한 통치는 현명하고 어질었다는 것이다. 칭기즈칸이 지시한 금기사항을 기록한 몽골 대법전Great Yasa은 당시 기준으로는 놀랄 만큼 진보적인 것이었다. 이 법전은 여성납치 금지, 강제결혼 금지, 고문 금지, 재산이나 가축 도둑질 금지 등을 규정하고 위반할 경우 사형에 처하도록 명시했다. 칭기즈칸은 이와 함께 종교의 자유를 보장하고, 인종에 관계없이 의사, 과학자, 예술가, 기술자, 외국어 능통자 등 특기를 가진 사람을 적극 회유하고 우대하는 조치를 취했다. 그가 전 세계 인구의 50%를 차지하는 인류 사상 최대의 제국을 건설하고 유지할 수 있었던 것은 탁월한 전략과 함께 이민족을 아우르고 융합시킬 수 있는 현명한 정책을 폈기 때문이다.

그는 위그르 족, 투르크 족, 타타르 족, 유럽 인 등 피부색깔에 따라 인종을 차별하지도 않았다. 충성심이 강하고 능력이 있으면 아무런 차별 없이 등용하고 실적에 따라 승진시켰다. 군도 마찬가지였다. 충성심이 강한 민족, 특히 투르크 족과 위그르 족 청년들 가운데는 몽골 군에 자원해 몽고 제국 건설의 견인차가 된 경우가 많았다. 또 몽골에 복속된 모든 지역 젊은이 열 명 가운데 한 명은 몽골 군에 징집됐다는 기록도 있다. 일단 몽골 군에 입대한 병사들은 가족을 데리고 전투에 참가할 수 있었다.

칭기즈칸이 이민족의 문화와 예술을 존중하는 정책을 폈음에도 불구하고 그 자신은 문맹이었다는 주장이 오랫동안 설득력을 얻었다. 하지만 최근 중국과 몽골 학자들이 밝혀낸 바에 따르면 그는 문자에 매우 익숙한 사람이었다. 그가 직접 작

성한 것으로 확인된 메모지는 그가 도교 철학서를 독해할 수 있었음을 입증하고 있다.

천우신조로 살아난 유럽

서유럽이 몽골 군의 살육전에 희생되지 않았던 것은 순전한 행운의 결과였다. 1241년 여름, 폴란드와 헝가리를 손에 넣은 수보타이는 이태리와 오스트리아, 독일을 공략할 태세였다. 그는 겨울이 되길 기다렸다. 겨울이 되면 강이 얼어붙어 기마부대를 신속히 움직일 수 있었기 때문이다. 드디어 같은 해 크리스마스가 지나자 강물이 꽁꽁 얼어붙었다. 몽골 군 선봉대는 파죽지세로 다뉴브 강을 가로질러 알프스 산을 넘었다. 이태리 북부를 공격할 찰나였다. 수보타이가 보낸 또 다른 정탐부대는 다뉴브 계곡을 통과해 비엔나 문턱에 다다라 있었다. 서유럽의 운명이 풍전등화 같은 순간이었다. 하지만 그때 무려 9,600km 떨어진 몽골의 수도 카라코룸Karakorum에서 긴급전령이 날아왔다.

"뭐, 황제폐하가 승하하셨다고?"

"어떻게 하죠?"

"음… 돌아가야지. 비엔나를 목전에 두고 정말 안타깝구나."

 칭기즈칸의 아들로 몽골 제국의 2대 황제인 오가타이가 죽었다는 것이다. 황제가 죽으면 반드시 황족들이 모여 새 황제를 뽑아야 한다는 게 칭기즈칸이 만들어 놓은 불문율이었다.

 칭기즈칸은 1226년 가을 몽골의 원정전쟁 참가를 거부하는 서하를 응징하기 위해 서하의 수도 닝샤寧夏를 포위한 채 전투를 벌이다 말에서 떨어져 사망했다. 장군들은 그의 시신을 몽골로 보내 장사 지내기로 했다. 몽골 군은 그의 장례 행렬을 목격한 사람은 모조리 현장에서 죽여버렸다. 그가 묻히는 곳을 비밀에 붙이기 위해서였다. 그가 아끼던 말 40마리도 함께 매장됐다는 전설이 전해져 온다. 최근 그가 묻힌 곳이 발견됐다는 주장이 나오고 있으나 과학적으로 입증된 바 없다. 영원히 수수께끼로 남게 될 공산이 크다. 왜냐하면 시신운구 행렬을 엿보다 발각된 사람은 남녀노소 귀천을 막론하고 현장에서 모두 처형됐기 때문이다.

 그는 첫 부인 보르테Borte와의 사이에 네 아들을 두었다. 조치, 자가타이, 오가다이, 톨루이가 그들이다. 이들은 각기 흩어져 몽골 제국을 분할 통치했다. 그의 손자 쿠빌라이 칸은 할아버지가 수도로 정했던 카라코룸은 대제국의 수도로는 적합하지 못하다고 판단했다. 왜냐하면 도시 인구를 지탱하기 위해서는 하루에 수레 500대분의 식량과 옷 등 생활필수품을 실어 날라야 했기 때문이다.

＊암말의 초유를 마셔 질병에 끄떡없던 몽골 병사들

말 젖의 단백질 성분은 우유보다는 사람의 젖에 더 가깝다. 그래서 소화가 잘된다. 특히 임신한 암말이 맨 처음 분비하는 노랗고 진한 빛을 띤 초유初乳, colostrum에는 온갖 필수 영양분이 다 들어 있다. 초유는 출산 직전에 나오기 시작해 며칠간만 분비되는데, 출산 후 12시간 내에 받아 마시면 면역능력도 만점이다. 온갖 병균으로부터 보호해 주는 항체가 들어 있기 때문이다. 몽골 병사들이 유라시아 대륙 수천 킬로미터를 끄떡없이 돌아다닐 수 있었던 것은 혹시 말 새끼가 빨아먹어야 할 초유를 빼앗아 먹었기 때문은 아닐까?

＊왕의 피를 땅에 흘리지 마라

칭기즈칸과 그의 후손들은 왕족을 죽일 때 땅에 피를 흘리지 않도록 각별히 조심했다. 왕족의 피는 성스러운 것이니 만큼 땅바닥에 흘려 더럽혀서는 안 된다는 믿음 때문이었다. 몽골 제국 2대 황제 쿠빌라이 칸은 삼촌인 니얀Nyan과 후계 문제를 놓고 싸운 적이 있었는데, 삼촌을 패배시킨 뒤 그를 사형시키도록 명령했다. 하지만 왕족의 피를 땅바닥에 흘리도록 할 수는 없었다. 쿠빌라이 칸은 궁리 끝에 삼촌을 양탄자에 둘둘 말아 죽을 때까지 이리저리 던지도록 했다. 1258년, 몽골의 훌레구Hulegu 장군이 바그다드를 침공하면서 칼리프(옛날 회교국의 왕)를 사로잡았다. 훌레구는 칼리프를 역시 양탄자에 둘둘 말아서 병사들에게 발로 차 죽이도록 지시했다. 적군이라도 왕족의 예를 갖춰 준 것이다.

왕족의 피를 신성시하는 풍습은 다른 나라에도 퍼져 있었다. 1688년 샴(태국)에서는 왕족 출신의 한 장군이 왕에게 반기를 들었다가 생포돼 사형을 언도 받았다. 왕은 그를 큰 가마솥에 넣어 공이로 찧어 죽이도록 했다. 가마솥은 피범벅이 됐지만, 적어도 땅바닥으로 피가 튀지는 않았다! 그런가 하면 아프리카 동부의 마다가스카르에서는 귀족이 피를 흘릴 때마다 이를 전문적으로 핥아먹는 라망가ramanga라는 직업이 있었다. 라망가는 귀족이 손톱을 잘라도 이를 얼른 넘겨받아 집어삼켜야 했다. 신체의 일부가 마법사들에게 넘어가면 저주를 받을 수 있다는 미신 때문이었다. 그래서 라망가는 귀족이 가는 곳마다 늘 따라다니며 발톱을 자르면 발톱을 받아먹고, 넘어져 다치면 신속히 달려가 피를 핥아먹어야 했다!

✻ 아시아에 퍼진 칭기즈칸 후손은 17,000,000?

"과거 몽골 제국이었던 땅에 살고 있는 전체 인구의 8%는 칭기즈칸의 직접적인 후손이다." 옥스퍼드 대학 생화학과 교수인 타일러-스미스Chris Tyler-Smith 박사가 중국, 파키스탄, 몽골, 우즈베키스탄의 유전학자 22명과 공동으로 연구한 결과다. 이들은 과거 몽골 제국 땅에 거주하는 16개 지역 주민들의 혈액 샘플을 10년간 분석해 보았다. 터무니없는 주장일까?

이들의 연구는 Y염색체에 근거를 두고 있다. Y염색체는 남자만 갖고 있다. 아버지가 아들에게 물려주는 것이다. 그런데 Y염색체에는 간혹 유전자변이가 일어난다. 이 변이유전자도 대대로 이어져 내려간다. 말하자면 독특한 유전적 형질을 나타내는 표지標識, genetic marker이다. 다른 지역에 사는 남자가 이와 똑같은 표지를 갖게 될 확률은 0에 가깝다. 유전학자들이 이 유전자 표지를 거슬러 추적해 보니 칭기즈칸의 5대조가 출발점이었다. 그럼 칭기즈칸의 후손들은 왜 이렇게 많은 걸까? 그의 후손들이 자손을 퍼뜨리기에 유리한 사회적 신분을 유지하고 있었기 때문이라는 분석이다. 각 지역의 최고 통치자 후예들이었으니까. 런던의 한 몽골 레스토랑은 손님들에게 무료로 DNA 테스트를 해주기도 한다. 실험결과 칭기즈칸의 후손으로 판명되면 공짜로 저녁을 제공하고 있다.

스스로의 감옥에 갇혀 지낸
거장들 | 문인, 음악가들

01 버지니아 울프

1882~1941.
영국의 소설가.
주요 작품: 『항해』, 『세월』, 『올랜도』, 『등대로』, 『밤과 낮』.

강물에 걸어 들어가 죽은 우울병 환자

가짜 아프리카 황제 영국 전함 방문사건

1910년 2월 10일, 당시 대영제국 최고의 전함 드레드노트 Dreadnought 호에 긴급전보가 날아들었다. 아프리카 아비시니아(지금의 에티오피아) 황제 일행이 방문한다는 것이었다. 전보에는 영국 외무성 차관의 이름이 서명돼 있었다. 함장은 부랴부랴 최고 예우를 갖추어 황제 일행을 맞아들였다. 붉은 양탄자도 깔고 축포도 쏘아 올렸다. 황제 일행은 의장대를 사열한 뒤 영국 해군 장교들에게 훈장도 수여했다. 그들은 감탄할 만한 장면을 볼 때마다 이렇게 외쳤다.

"벙가, 벙가!"

버지니아 울프

이는 아마도 아프리카인들의 감탄사이려니 영국인들은 생각했다. 황제 일행은 또 이슬람 율법에 따라 기도를 한다며 바닥에 매트를 깔아 놓고는 넙죽 엎드리기도 했다. 그들은 방문 일정이 끝나자 근엄한 표정으로 기념 촬영도 했다.

이 사건은 희대의 사기극이자 장난이었다. 버지이나 울프와 그의 오빠, 친구들 등 6명이 피부를 검게 칠하고 아프리카 옷을 입은 채 아비시니아 황제 일행이라고 속였던 것이다. 영국 장교들은 어찌 그리 쉽게 넘어갔을까? 가짜 황제 일행은 아프리카 말을 한답시고 쉴 틈 없이 씨부렁거렸지만 사실은 서투른 라틴 어를 지껄인 것이었다. 그들이 감탄사로 연발했던 "벙가, 벙가"도 사실은 아무런 의미가 없는 날조된 단어였다.

울프 일행은 런던에 돌아가 폭소를 터뜨렸다.

"영국 전함이 정말 엉터리네! 그렇게 쉽게 속아 넘어가다니!"

"우리 이 사실

아비시니아 인으로 변장한 모습

을 신문사에 알리자."

이들은 〈데일리 미러Daily Mirror〉지에 사건 개요를 알려주는 편지를 보냈다. 사실이 드러나자 영국은 발칵 뒤집혔다. 이후 영국 해군은 조롱거리가 되었다. 해군 당국은 주동자들을 체포하겠다고 엄포를 놓았지만, 법을 위반한 사실이 없었으므로 결국 유야무야 넘어갔다.

이 드레드노트 전함 장난사건은 캠브리지 대학에 다니는 울프의 오빠가 주동한 것이었다. 그러나 그녀의 정신질환이 심해지면서 정신착란 상태를 상징하는 사건으로 남게 됐다. 실제로 그녀는 당시에도 이미 신경쇠약 증세를 보이고 있었다. 그녀의 첫 신경쇠약 증세는 13세 때 어머니가 죽으면서 발작했다. 22세 때는 아버지마저 세상을 떠났다. 그리고 31세 때는 자살을 시도했다. 진정제인 베로날Veronal 알약을 100개나 삼킨 것이다. 다행인지 불행인지 이웃에 사는 의사가 달려와 알약을 모두 토해 내도록 했다.

8주간 비몽사몽 누워 있기도
그때부터 극도의 흥분과 희열, 그리고 절망과 우울증이 교대로 나타나는 조울증이 평생 꼬리를 물었다. 1921년 어느 날 밤, 몹시 흥분한 상태로 콘서트를 보러 나갔다. 콘서트에 깊은 감동을 느낀 탓인지 밤새 돌아오지 않았다. 다음 날 아침 귀가한 그녀는 완전 녹초가 되었다. 쉴 틈 없이 말을 해댔는지 입가에는 침 거품이 잔뜩 일어 있었다. 그녀는 그날부터 무려 8주 동안 두문불출한 채 침대에 누워 있기만 했다. 그녀는 그때 일을 일기에 이렇게 묘사하고 있다.

"내가 마지막으로 일기를 쓴 게 6월 7일이었는데. 그때부터 줄곧 침대에 있었다니… 8월 6일에야 침대에서 일어나다니… 내 인생에서 두 달이 완전히 지워져버렸다."

그녀는 우울증에서 벗어나기 위해 글을 썼다. 『세월 The Years』과 『막간 Between the Acts』도 극심한 조울증에 시달리며 쓴 소설이었

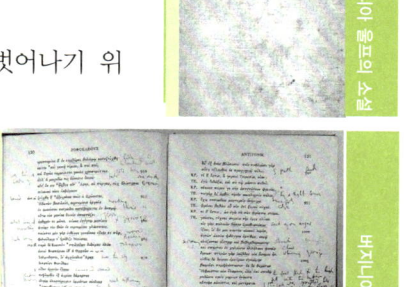

다. 심리학자인 댈리Peter Dally 박사에 따르면 소설은 광기에서 벗어나려는 그녀의 몸부림이었다. 물론 글을 쓴다는 것이 때로는 고통스러운 일이기도 했지만, 그녀가 누릴 수 있는 가장 큰 즐거움이었다. 그녀는 실제로 깊은 우울증에 빠져 있을 때 가장 번득이는 영감을 얻었다. 새로운 소설을 시작할 때마다 그녀의 가슴은 마치 소풍날 집을 떠나는 소녀처럼 기쁨과 기대감에 부풀어 오르곤 했다. 그러다가 간신히 첫 마무리 작업을 끝내놓고 교정 단계에 접어들 때쯤 되면 그 같은 희열은 썰물처럼 빠져나갔다. 대신 극심한 피로감과 우울증이 밀물처럼 밀려들었다.

상승무드 땐 사흘간 밤낮 수다

조울증의 침체기가 끝나고 상승기가 발작하면 울프의 기분은 180도로 달라졌다. 남편 레너드는 그럴 때의 아내를 이렇게 묘사했다.

"그녀는 기분이 극적으로 좋아지면 도저히 말릴 수 없는 수다쟁이가 됐다. 이틀간, 사흘간 단 한숨도 쉬지 않고 쉴 틈 없이 말을 쏟아냈다. 방에 누가 있든지, 누가 어떤 말을 걸든지 상관없이…. 음식은 입에 대지도 않았다. 그러다가 탈진상태가 되면서 점점 횡설수설로 변하곤 했다. '아, 새가 내게 라틴 어로 말을 걸어오고 있어. 돌아가신 어머니가 날 자꾸 꾸짖어. 누군가가 내게 엉뚱한 짓을 하라고 시키고 있어.' 이런 말들을 마구 쏟아냈다."

탈진상태가 극에 달하면 횡설수설은 욕설로 변했다. 남편과 여동생 등 자신을 돌봐주는 사람들을 원수로 여겨 욕설을 퍼붓거나 손톱으로 할퀴려드는 등 폭력을 휘두르기도 했다.

영국이 2차 세계대전으로 고전하던 1941년은 울프에게 바위덩이처럼 무거운 해였다. 남편도 우울증에 시달려 아내를 돌볼 겨를이 없었다. 울프는 영국 남부 한 작은 마을에서 외톨이로 요양 중이었다. 말이 요양이지 당시 조울증에 관한 치료법은 전무한 상태였다. 어느 추운 날 아침, 그는 환청과 정신 혼란에 시달리는 상태에서 남편에게 마지막 편지를 남겼다.

"난 다시 미치게 될 게 분명해요. 난 다시는 그런 광기를 견뎌 낼 힘이 없어요. 다시는 회복하지 못할 거야. 환청이 심해져 영 집중을 못하겠어요…. 당신은 내게 가능한 최고의 행복을 주었지만 난 더 이상 광기와 싸울 힘이 없어요. 내가 당신의 인생을 망쳐 놓고 있다는 걸 알죠. 내가 없으면 당신은 다시 일할 수 있을 거예요."

그리고는 아침 일찍 집을 나섰다. 초원의 수풀은 아직 이슬을 촉촉이 머금고 있었다. 초원을 가로질러 씩씩하게 강가로 걸어갔다. 지팡이를 땅에 내려놓고는 호주머니를 모두 돌멩이로 가득 채웠다. 강물이 점점 차 올랐지만 조금의 주춤거림도 없이 걸어 들어갔다. 그리고 강가에서 뛰어 놀던 아이들이 그의 시신을 발견한 것은 3주 후였다.

---

*로댕에게 따귀 맞은 버릇없는 울프

1904년 울프가 12세 때 친구들과 함께 조각가 로댕Auguste Rodin의 스튜디오를 방문한 적이 있었다. 로댕은 아이들에게 스튜디오를 소개하면서 이렇게 말했다.

"다른 건 다 만져도 좋아. 하지만 천으로 덮어놓은 건 절대 만지면 안 돼. 알았지?"

"네."

아이들은 일제히 대답했다. 하지만 대답하기가 무섭게 울프가 천으로 덮인 조각 한 개를 덥석 떠들어 보았다. 로댕은 완료되지 않은 조각상은 천으로 덮어 뒀던 것이다. 화가 치민 로댕이 보기 좋게 울프의 따귀를 한 대 갈겼다! 하지 말라면 말 것이지….

02 어니스트 헤밍웨이

1899~1961.
미국의 소설가. 1954년 노벨 문학상 수상.
『노인과 바다(1952)』, 『무기여 잘 있거라(1929)』,
『누구를 위하여 종을 울리나(1940)』 등의 명작을 남김.

변기에 총질을 해댄 다혈질의 소유자

난 개망나니!

헤밍웨이는 소문난 바람둥이였다. 그와 바람을 피운 여자들은 몇 명이나 될까? 헤아리기 어렵다. 다만 그가 정식으로 결혼해 살았던 여자만 네 명이나 된다.

첫째 부인 해들리Hadley Richardson는 헤밍웨이보다 8년이나 연상이었다. 작가로서의 꿈을 펼치려는 남편을 정성껏 뒷바라지했다. 특히 그녀의 경제적 도움이 없었다면 헤밍웨이는 아마 파리를 구경조차 하지 못했을 것이다.

하지만 결혼은 채 6년도 안 돼 파경을 맞았다. 헤밍웨이가 돈 많은 여류작가 폴린Pauline Pfeiffer과 눈이 맞아 아내와 어린 아들을 버린 채 일방적으로 이혼을 선언했기 때문이다. 그 소식을 전해 들은 한 친구가 물었다.

"아니 조강지처를 그렇게 차버리다니, 자넨 양심도 없나?"

"난 원래 개망나니인 것 모르나? 어쩔 수 없어."

헤밍웨이는 정말 개망나니였다. 폴린과 잘 지내는 듯하더니 이번에는 돌연 종군기자인 마사Martha Gellhorn와 결혼을 한다고 선언했다. 그녀도 역시 오래 가지 못했다. 삐걱거리던 결혼생활은 헤밍웨이가 2차 대전 중 메리Mary Welsh를 만나면서 종지부를 찍었다. 메리는 미국의 시사주간지 〈타임〉의 유럽 특파원이었다. 2차 대전이 막바지로 치닫던 1944년 어느 날이었다. 헤밍웨이는 그녀와 함께 다른 남자 동료를 데리고 리츠 호텔에 들어갔다. 대화 도중 메리가 남편 사진을 보여 주자 불같은 질투심이 발동했다. 그리고는 남편 사진을 홱 낚아채더니 화장실 변기에 집어넣고 사진에 권총을 겨누는 것이

헤밍웨이 그의 두 번째 부인

아닌가?

"탕!"

"아니, 그게 무슨 짓이에요, 헤밍웨이?"

변기에 총을 쏘니 변기 파이프가 터질 수밖에. 순식간에 화장실에 물이 흘러넘쳤다. 곧 다른 방까지 물이 흘러넘쳤다. 호텔방에 때 아닌 물난리가 난 것이다.

호텔 종업원들이 들이닥쳤다. 다급해진 헤밍웨이는 비데에 올라선 채 일장 연설을 토해 냈다.

"여러분, 저기 서 있는 친구는 미 육군 대령입니다. 프랑스의 해방을 위해 목숨을 던져 싸웠습니다. 이 권총도 저 친구가 독일군 장교한테 빼앗은 것이죠. 친구가 오늘 부인과 저를 방문했습니다. 그런데 친구가 화장실에 들어가 참고 참았던 숙변을 쏟아 내자마자 이렇게 변기가 느닷없이 쾅 소리를 내며 폭발한 것입니다. 늦어도 내일 아침까지는 새 변기를 설치해 주십시오!"

당시 파리는 미국과 영국 연합군의 도움으로 탈환된 직후였다. 호텔 종업원들은 오히려 감격한 표정이었다. 프랑스를 위해 목숨 걸고 싸운 미군 장교가 용변을 보다 변기가 폭발했다는데 더 이상 따질 말이 있으랴? 하지만 그 사건 직후 메리는 한동안 헤밍웨이와 절교를 선언했다가 남편과 이혼하고 다시 만나 결혼하기에 이르렀다.

여자 옷 입고 자라 남성 과시욕

헤밍웨이는 왜 이처럼 정서불안 상태를 보였을까? 그의 어머니는 그가 갓 태어났을 때부터 여자 옷을 입고 다니도록 했다. 18개월 먼저 태어난 누나와 함께 여자 쌍둥이로 간주해버렸던 것이다. 그래서 헤밍웨이는 여자 아이들처럼 긴 머리에 치마를 입고 놀아야 했다. 그리고 6세 때가 돼서야 남자 옷을 처음으로 입을 수 있었다. 그가 어른이 돼서도 늘 남성다움을 과시하려 들었던 것은 이런 어린 시절에 대한 반발이자 반작용이었다. 그래서 복싱과 투우를 배우고, 모험이란 모험은 모두 해보려 들었다. 그가 한사코 스페인 전쟁과 1차 대전, 2차 대전에 뛰어들려 했던 것도 같은 맥락이다. 이런 전쟁 경험을 바탕으로 『무기여 잘 있거라』와 같은 명작도 탄생했다.

그는 1차 대전이 한창이던 1918년 이태리 전선에서 심한 부상을 당한 적이 있다. 하지만 전투를 벌이다 다친 건 절대 아니다. 그는 미국 적십자 야전병원 구급차의 운전병이었다. 그런데 왜 다쳤을까? 모험을 좋아하던 그는 이태리 병사들이 숨어 있는 참호에 뛰어들어가 초콜릿을 건네주던 중이었다.

"꽝!"

"으악!"

박격포가 바로 몇 발짝 거리에 떨어졌다. 그의 양다리와 머리 등 모두 227군데에 파편이 박혔다. 그런 중상을 입고도 신음중인 한 이태리 병사를 안전한 곳으로 끌고 나갔다. 이 공로로 그는 이태리 정부로부터 무공훈장도 받았다.

비둘기 잡아먹으며 작품에 몰두

파리의 어느 추운 겨울날. 그는 어린 아들을 태운 유모차를 곁에 대놓은 채 공원 벤치에 앉아 있었다. 경찰이 사라지자 그는 바지 호주머니에서 옥수수 봉지를 꺼내 들었다. 팔을 높이 들어 옥수수를 뿌리자 비둘기 떼가 몰려들었다. 비둘기들이 가까이 다가오자 그가 갑자기 손을 뻗어 한 마리를 낚아챘다.

"파드득, 파드득."

두어 번 파드득거리던 비둘기는 곧 잠잠해졌다. 그가 잽싸게 비둘기 목을 비틀어버렸기 때문이다. 축 늘어진 비둘기를 얼른 유모차 아래 담요 속에 숨겨 넣었다. 그날의 저녁거리였다. 식량조차 궁하던 무명의 작가 시절, 헤밍웨이는 종종 비둘기를 잡아먹기도 했던 것이다. 이렇게 비둘기 요리로 배를 채운 뒤에는 복싱 도장을 찾아갔다. 생활비를 벌기 위해 파트타임으로 복싱 선수들의 스파링 파트너로 뛰기도 했던 것이다.

이렇게 고생하면서도 작품에 대한 열정은 용광로처럼 활활 타올랐다. 『무기여 안녕 A Farewell to Arms』의 마지막 페이지는 39번이나 고쳤고, 『해는 또다시 떠오른다 The Sun Also Rises』의 첫 단락은 무려 100번 가까이 수정했다. 하지만 그는 히트작을 낸 뒤에는 별의별 우환이 한꺼번에 뒤따르는 특이한 징크스가 있었다. 『무기여 잘 있거라』로 세계적인 작가로 도약하자마자 독감에 걸렸다. 그러더니 온갖 사고가 꼬리를 물었다. 교통사고로 눈알이 찢어지고 이마에 깨진 유리파편이 박히는가 하면, 사타구니 근육이 찢어지고 손가락을 크게 다쳐 뼈가 훤히 드러나기도 했다. 또 말을 타다 떨어져 팔다리와 얼굴이 찢어

누구를 위하여 종을 울리나

졌으며, 다시 또 다른 교통사고가 일어나 팔을 다쳤다. 어디 그뿐인가? 잠잠하던 치질이 도졌고, 탄저병에 감염됐으며, 길을 걷다가 재수 없게도 돌부리에 걸려 넘어지는 바람에 코뼈가 깨지기도 했다!

1952년 발표한 『노인과 바다』로 1953년 퓰리처상, 1954년 노벨 문학상을 잇달아 수상한 직후에도 사고가 뒤따랐다. 국제적인 명성과 부를 거머쥔 뒤라 들뜬 기분으로 부인 메리와 함께 아프리카 사파리 여행을 떠났다. 하지만 불행히도 타고 있던 경비행기가 폭포 인근에 추락했다. 그때 지나가던 관광선의 도움으로 가까스로 목숨을 건졌다. 설마 또 사고가 일어나랴? 그들은 아픈 몸을 추슬러 48시간 후 또 비행기를 탔다. 하지만 비행기가 하늘에 뜨자마자 또 추락해버렸다. 이번에는 중상이었다. 신장과 간, 췌장이 파열되고 척추가 손상됐다. 어찌나 충격이 심했는

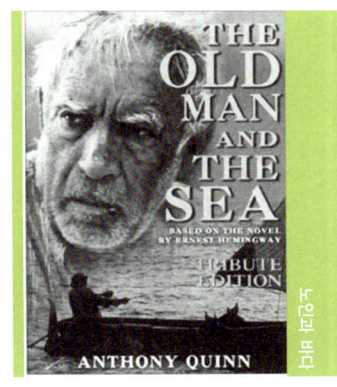

지 한동안 청력과 시력을 상실할 정도였다. 불행의 여신은 이것도 부족하다고 느꼈나 보다. 한 달쯤 지나 겨우 뒤뚱거리며 숲을 거닐던 중 이번에는 산불이 났다. 몸이 성치 않아 제대로 도피할 방법이 없었다. 결국 다리와 가슴, 입술, 왼손, 오른팔에 2도 화상을 입었다. 그러자 우울증이 두드러지기 시작했고, 그는 폭음으로 우울한 심정을 달래곤 했다. 그러다 보니 혈압과 콜레스테롤이 치솟았고, 심장대동맥에 염증까지 생겼다.

가문에 흐르는 정신병

말년 들어 정신병 증세가 도지기 시작했다. 1960년을 전후해서는 극심한 편집증세를 보였다. FBI(미연방수사국) 요원들이 자신을 잡아들이려 추적하고 있다는 환상에 빠져 있었다. 어느 날 저녁 친구와 차를 타고 한 은행 앞을 지나가다 아닌 밤중에 홍두깨 격으로 벌떡 일어나 소리쳤다.

"저것 봐! FBI 요원이 내 은행계좌를 뒤지고 있어! 날 체포하려는 거야!"

"여보게, 진정하게. 저건 청소 아줌마야. 진공청소기로 청소하는 중일세."

게다가 그는 폭음 습관으로 인해 혈압과 콜레스테롤이 비정상적으로 높아지는 등 건강에도 적신호가 켜져 가고 있었다.

1960년 헤밍웨이는 극심한 우울증에 걸려 있다는 진단을 받고 메이요 병원에 입원했다. 그곳에서 정신병 치료방법 가운데 하나인 전기충격요법으로 한동안 치료를 받았다. 고혈압과 간경화 치료도 함께 받았다. 이런 치료는 언론의 노출을 피해 극비리에 진행됐다. 그는 치료 기간 중 작품활동을 못하게 되자 우울증이 더욱 악화됐다. 급기야 1961년 봄, 비행기 프로펠러에 뛰어들어 자살을 기도했지만 무위로 끝났다. 그리고 한동안 또다시 정신병 치료를 받았다. 하지만 진전이 없었다. 결국 같은 해 7월, 머리에 영국제 12구경 2연발식 산탄엽총을 발사해 자살하고 말았다.

헤밍웨이 가문에는 정신병의 피가 흐르고 있었다. 그의 아버지도 미국남북전쟁 때 쓰던 권총을 머리에 쏘아 자살한바 있다. 그의 두 누이와 남동생도 스스로 목숨을 끊었다. 그런가 하면 세 아들 중 두 명이 정신질환으로 전기충격치료를 받았다. 수퍼모델이었던 그의 장손녀 마고Margaux Hemingway도 알코올중독과 간질병, 우울증 등으로 괴로워하다 1996년

고의로 진정제를 과다 복용해 목숨을 끊었다. 그의 장남인 존 John Hemingway은 늘 정신병 공포에 시달렸다. 그는 주변 사람들에게 이렇게 말하곤 했다.

"우리 형제는 절대로 자살하는 일은 없을 거야. 헤밍웨이 가문에서도 장수하는 사람이 있다는 걸 보여 주고 말거야."

03 볼프강 아마데우스 모차르트

1756~1791.
오스트리아의 작곡가.
주요작품: 〈피가로의 결혼(1786)〉, 〈돈 조반니(1787)〉, 〈마적(1791)〉.

입에 욕을 달고 산 천재

편지마다 혐오스런 배설물 용어

모차르트는 아름다운 고전음악의 대명사다. 하지만 아름다움과는 동떨어진 기이한 습관을 갖고 있었다. 그가 어머니와 사촌 여동생에게 쓴 편지나 가사는 똥, 오줌 등 배설물과 방귀에 대한 글로 가득 차 있다.

"방귀의 밤에는 부족한 게 없지, 정말 강력한 소리를 내며 배출되니까. 어제 우린 왕 방귀 소리를 들었어. 그건 꿀 파이만큼 향긋한 냄새가 났어. 최고 강력한 소린 아니었지만, 그래도 꽤 소리가 컸지(1778년 1월 어머니에 보낸 편지)."

"내가 네 코에 똥을 누면 턱으로 흘러내릴 거야…. 오, 내 엉덩이에 불이 난 것 같군! 이게 무슨 의미냐! 아마도 오물이 나오려는가? 다시 무슨 소리를 들었어, 이번에는 아주 약한 소리를 뭔가 가볍게 탄 냄새. 어딜 가든 냄새가 났지. 난 내 엉덩이에 손가락을 대보고는 다시 내 코에 댔지, 그런데…(1777년 11

월 사촌 마리아에게 보낸 편지)."

모차르트가 사촌 마리아 안나Maria Anna에게 보낸 9통의 편지는 한결같이 배설물과 방귀에 관한 추잡한 단어들로 도배돼 있다. 음악의 대가가 쓴 편지라고는 도저히 믿기지 않을 정도다. 혐오스러운 건 편지뿐 아니다. 그가 26세 때 작사 작곡한 노래 가운데 〈내 똥꼬를 핥아라 Lick Out My Asshole〉라는 게 있다. 입에 담기조차 역겹고 혐오스런 단어들이 꼬리를 문다.

"내 똥꼬를 핥아요, 똥꼬가 아주 깨끗해질 때까지 핥아요…."
"Lick out my asshole, Lick it till it's good and clean…."

배설물 표현욕구는 뚜레트 증후군의 특징

심금을 울리는 고상한 음악을 작곡하는 사람이 어떻게 이처럼 유치하고 지저분한 말을 쏟아 낼 수 있을까? 1992년 내분비학의 세계적인 권위자인 벤자민 심킨Benjamin Simkin 박사는 모차르트가 뚜레트 증후군Tourette Syndrome을 앓고 있었다고 분석했다. 이 질병에 걸린 사람들은 지저분한 말을 쏟아 내고 싶어하는 강한 충동을 느낀다는 것이다. 2004년 영국의 작곡가이자 스스로도 뚜레트 증후군 환자인 맥코넬 James McConnel은 영국 TV에 출연해 이런 분석을 뒷받침했다. 자신의 경험에 비추어 볼 때 모차르트는 뚜레트 환자가 틀림없다는 것이다. 뚜레트 증후군 환자들 가운데는 배설물 등 더러운 것들을 글로 써 놓고 싶어하는 강한 충동coprographia을 가진 사람들이 있다는 것이다.

"내가 갖고 있는 유머감각도 모차르트와 비슷하죠. 배설물이나 방귀에 관한 글을 유머로 생각하는 게 뚜레트 증후군 환자들의 한 특징입니다."

모차르트는 이밖에도 얼굴을 자주 찡그리고, 양발을 서로 달달 부딪치거나 떠는 습관도 있었다. 또 어떤 일을 하다가 갑자기 싫증을 내거나 발작적으로 장난기가 발동하는 경우도 많았다. 그런가 하면 9세가 될 때까지도 트럼펫 소리를 병적으로 무서워하기도 했다. 이런 증세들도 뚜레트 증후군 환자들에게 흔한 것들이다. 모차르트의 경우 이런 증세들은 일단 피아노 앞에 앉으면 사라졌다. 즉, 피아노가 진정제와 같은 효과를 발휘했던 것이다.

강박신경증인가, 버릇없이 자랐나?

어떤 과학자들은 모차르트가 강박신경증obsessive compulsive disorder 환자였다고 분석하기도 한다. 아내가 몇 시간만 외출해도 혹시 아내가 다치지나 않을까 강박관념에 사로잡혔다는 것이다. 또 매일 밤 침대에 눕기 전에는 으레 행사처럼 몇 번이고 되풀이해서 등불이 꺼졌는지, 문 밖에는 아무도 없는지 적어도 반 시간 동안이나 확인하고야 겨우 마음을 놓곤 했다. 그런 반복행동을 하지 않으면 집에 어떤 재앙이 닥치고 말 것이라는 막연한 불안감에 휩싸였다. 친구들도 그가 평소 가만히 앉아 있지 못하고 안절부절하기 일쑤였으며, 추잡한 배설물 용어를 구사하기 좋아하고, 마치 고양이처럼 방에서 이리저리 뛰어다니곤 했다고 회고했다!

모차르트

모차르트가 어릴 때부터 신동으로 대우받으며 버릇없이 자라, 평생 유치한 말을 쓰기 좋아했다고 보는 학자들도 있다. 그는 키도 작고 마른 체구에 몹시 허약한 약골이었지만 3세 때 이미 피아노를 치기 시작했고, 6세 때부터는 연주 여행을 다니기도 했다. 8세에 심포니를, 11세에는 오페라를 작곡했다. 그는 워낙 재주가 뛰어나 학교에 다니지 않고 아버지의 레슨을 받았다. 인류 역사상 어느 작곡가보다도 빨리 작곡하기로 유명했다. 아내가 출산 중에는 한 손으로 아내의 손을 잡고 있으면서 다른 손으로 몇 편의 곡을 작곡했을 정도다. 하지만 예의가 없고 무책임하기로도 정평이 나 있었다. 언젠가는 하도 방자하게 행동해 궁정에서 쫓겨나기도 했다.

"저런 못된 놈과는 앞으로 절대 상종하지 않을 거야. 어서 내보내!"

그 궁정의 귀족이 쫓겨나가는 그의 등에 대고 내뱉은 말이었다.

그가 한창 인기를 누릴 땐 아버지가 일년 내내 벌어야 할 돈을 단 한 번의 콘서트로 벌어들였다. 하지만 워낙 낭비벽이 심해 늘 빚에 시달렸다. 한 직장에서 오래 머무는 경우도 극히 드물었다. 그가 죽을 때 남겨 놓은 것은 코트 6개, 은 스푼 3개, 그리고 책 346권이 전부였다.

죽음을 예고해 준 저승사자?

그의 죽음에 대한 온갖 억측과 설이 오늘날까지도 여전히 난무한다. 그는 정말 어떻게 죽은 것일까? 1791년 7월, 정체불명의 사나이가 모차르트 집의 문을 두드렸다. 어둑어둑한 가운데 회색 옷차림의 키가 장대 만한 사람이 서 있었다.

"선생님, 사람이 죽었을 때 들려주는 미사곡을 작곡해 주시겠습니까?"

"네?"

어두운 얼굴빛을 띤 그 사나이는 편지를 건네주었다. 미사곡을 작곡해 줄 의향이 있는지의 여부와, 돈은 얼마나 받고자 하는지, 언제쯤 완성할 수 있는지 등을 묻는 편지였다.

"편지를 읽어 보시고 답신을 이 주소로 보내 주십시오."

사나이는 주소를 휘갈겨 쓰고는 휘적휘적 사라졌다. 뭔가 불안한 느낌을 심어 주는 사람이었다. 가뜩이나 시름시름 앓고 있던 모차르트는 다리가 휘청거렸다.

'저건 분명 저승사자야. 드디어 죽음의 사자가 나를 찾아왔구나! 죽은 자를 위한 미사곡이란 나를 위한 거겠지….'

며칠 뒤 그 사나이가 또 나타났다. 이번에는 두툼한 검정 가방을 건네주었다.

"이 돈이면 충분할 겁니다. 곡을 빨리 완성하면 두둑한 보너스를 더 얹어줄 겁니다."

나중에 이 익명의 의뢰인은 발자그Franz Walsagg 백작으로 밝혀졌다. 그는 유명한 음악가들에게 의뢰해 사들인 곡을 마치 자신이 작곡한 것처럼 행세하곤 하는 사람이었다. 그는 일년 전 사망한 자신의 아내를 위해 미사곡을 필요로 했던 것이다.

모차르트는 미사곡 주문을 받은 뒤 더욱 건강이 악화돼 갔다. 그는 자신이 누군가에 의해 독살돼 가고 있다고 확신하고 있었다. 그래서 임박한 죽음을 위해서는 미사곡을 빨리 완성해야 한다는 강박관념에 시달렸다. 그런 강박관념은 그의 죽음을 더욱 앞당겼다. 그는 생애 마지막 날도 미사곡을 쓰려 안간힘을 썼지만 몸이 퉁퉁 부어올라 꼼짝도 할 수 없었다. 1791년 12월 5일 새벽 1시, 그는 얼굴을 벽에 돌린 채 35세의 나이로 숨을 거뒀다. 그리고 미완성의 미사곡 나머지 절반은 모차르트의 제자가 끝내야 했다.

※ 뚜레트 증후군 Tourette Syndrome
1885년 프랑스의 조르지 뚜레트 Georges Gilles de la Tourette 박사가 발견한 질환. 보통 18세 이전, 특히 어린 나이에 유전적 요인으로 발생하는데, 환자들은 말하면서 종종 반복적으로 얼굴이나 눈에 떨림 tic 현상이 일어나거나, 팔다리 등을 습관적으로 떠는 등 비정상적인 움직임을 보인다. 신경계통의 이상으로 생기는 질환이지만 아직 치료방법은 없다. 배설물에 관한 단어를 많이 구사하는 경향도 강하다. 미국의 경우 약 1,000,000명의 환자가 있다.

※ 비명은 이렇게 질러야
모차르트는 자신이 작곡한 걸작 중 하나인 오페라 〈돈 조반니〉를 부르는 가수가 비명을 지르는 장면만 나오면 영 서툰 점이 늘 불만이었다. 그래서 어느 날 비명을 지르는 장면이 나오기 직전 무대 뒤로 살금살금 다가갔다. 드디어 비명을 질러야 할 순간, 모차르트가 번개처럼 달려들어 오페라 가수의 팔을 뒤에서 꽉 잡았다.
"으액!"
그가 원하던 비명 소리가 오페라 가수의 입에서 터져 나왔다. 그날 오페라 공연은 대성공이었다!

04 루드비히 반 베토벤

1770~1827.
독일 본에서 태어나 오스트리아 비엔나에서 죽음.
주요작품: 〈영웅교향곡(1804)〉, 〈피아노협주곡 제5번(황제)(1809)〉.

왕족도 무시한 천상천하 유아독존

황후, 왕자면 다야?

1812년 여름, 베토벤은 의사의 권유에 따라 보헤미아의 온천 도시인 테플리츠Teplitz에 머물고 있었다. 어느 날 거기서 독일 시인 괴테와 만나 함께 공원을 산책 중이었다. 그런데 때마침 오스트리아 제국의 황후가 고관들을 거느리고 걸어오고 있는 게 목격됐다. 괴테가 얼른 길을 비켜서자며 베토벤을 잡아끌었지만, 베토벤은 콧방귀를 뀌었다.

"우리가 왜 길을 비켜 줍니까? 저 사람들이 길을 비켜 줘야지. 저 사람들한테 길을 비켜 줄 이유가 전혀 없어요."

괴테는 황후 일행이 다가오자 모자를 벗은 채 깊숙이 머리 숙여 공손히 인사했다. 하지만 베토벤은 모자를 일부러 꾹 눌러쓴 채 팔짱을 끼고 황후 앞을 가로질러 뚜벅뚜벅 걸어 나왔다. 황후를 고의로 무시하는 행동이었다. 괴테는 아연실색했다. 그는 아내에게 쓴 편지에서, "베토벤은 정말 이상한 사람이더군. 완전히 통제불능의 성격을 갖고 있어"라고 적고 있다. 그 사건 이후로 괴테는 베토벤이 다시 만나자는 제의를 받아들이지 않았다.

베토벤의 권력자들에 대한 반감은 뿌리가 깊다. 1804년 황제에 즉위한 프랑스의 나폴레옹이 파죽지세로 유럽을 휩쓸고 있을 때였다. 프랑스 군은 1805년 아우스테를리츠 전투Battle of Austerlitz에서 승리해 베토벤이 머물고 있던 그라츠도 수중에 넣었다. 그라츠 성의 성주인 리크노프스키Lichnowsky 왕자는 프랑스 사령관과 고관들에게 베토벤의 연주를 감상하도록 초청했다. 그런데 연주 시간이 됐는데도 베토벤이 나타나지 않는 게 아닌가?

"어찌 된 거야? 빨리 찾아봐라!"

고관들을 초청해 놓은 왕자는 바짝 조바심이 났다. 수소문을 해 보니 베토벤이 이미 슬그머니 그라츠 성에서 도망친 뒤였다. 추운 겨울밤인데도 뛰어서 성밖으로 줄행랑을 놓았다는 것이었다. 그 당시 유명한 음악가들은 대개 도시의 성주들에게 고용돼 있었다. 뭐든지 하라면 해야 되는 신세였다. 그런데도 바람을 놓다니? 베토벤의 방을 뒤져보니 왕자 앞으로 휘갈겨 쓴 편지 한 통이 놓여 있었다.

"왕자여! 지금의 당신은 환경과 태생에 의한 것이오. 지금의 나는 나 스스로의 노력에 의한 것이오. 이 세상에 왕자는 수천 명이나 되오. 하지만 이 세상에 베토벤은 나 하나뿐이오!"

왕자는 진노했고, 베토벤을 즉각 해고해버렸다. 이 때문에 베토벤은 상당 기간 경제적 궁핍을 견뎌 내야 했다.

리크노프스키 왕자는 아마도 베토벤을 사형에 처할 수도 있었을 것이다. 하지만 그 유명한 음악가를 죽였다간 엄청난 망신살이 뻗칠까 두려워했다. 그가 베토벤을 용서해 준 더 큰 이유가 있었다. 그는 여러 차례에 걸쳐 베토벤의 기행을 목격했고, 그가 제정신이 아니라고 믿고 있었던 것이다. 베토벤은 비가 억수같이 쏟아지는 날이면 종종 우산이나 모자도 안 쓴 채 성곽의 큰 공원을 마구 뛰어다니곤 했다. 천둥 번개가 마구 내리치는데 흠뻑 젖은 몸으로 몇 시간씩 말이다. 그런가 하면 베토벤은 단 한 마디의 말도 없이 며칠씩 집 안에 틀어박혀 앉아 있기도 했다. 손님이 찾아가도 입을 열지 않았다. 그런 모습을 왕자 자신도 여러 번 목격했거나 들은바 있었다. 그래서 베토벤은 정신질환을 앓고 있으려니 여겼다.

베토벤은 으스대는 왕족이나 귀족을 몹시 싫어했다. 그가 피아노를 연주하던 중 한 귀족이 말을 한 적이 있다. 베토벤은 즉각 무대를 박차고 나갔다.

"저런 돼지들한텐 연주 못해!"

그는 자신이 불타는 열정을 쏟아 만들어 낸 작품들을 그만큼 신성시했던 것이다.

베토벤 집에서 썩은 냄새가 나요!

베토벤은 1812년쯤부터는 청력을 완전히 상실했다. 그는 동생에게 쓴 편지에서, "난 청력상실에 굴복하지 않아. 운명의 목을 잡고 싸울 거야"라고 당찬 모습을 보였다.

하지만 점점 외모에 대해서는 무신경해졌다. 그는 본래 작은 키에 머리가 유난히 크고 얼굴은 천연두를 앓아 얽은 자국투성이였다. 그런데다 머리를 빗지 않는 것은 물론이고, 이도 잘 닦지 않았다. 그래도 치아가 늘 반짝반짝 빛났던 것은 식사가 끝나면 어김없이 냅킨을 집어들고 이를 비벼대는 습관이 있었기 때문이다. 세수할 때도 대야에 물을 담아 씻는 것이 아니라, 머리에 그냥 물을 퍼부었다. 창작활동에 들어가기 전 세수도 할 겸, 정신도 차릴 겸 물을 끼얹었던 것이다.

그 당시 아파트는 목조건물이 대부분이었다. 그가 매일처럼 바닥에 물을 쏟아대니 아래층 천장으로 물이 흘러내릴 수밖에. 돼지우리를 방불케 하는 그의 아파트였다. 썩는 음식 냄새와 악취가 진동해 이웃들이 불만을 터뜨리기 일쑤였다. 이 때문에 아파트 주인들은 베토벤에게 방을 빌려 주길 무척 꺼렸다. 그래서 살던 아파트에서 쫓겨나 일 년에 세 차례나 집을 옮기기도 했다. 친구들이 찾아와도 아랑곳없이 속옷차림이나 벌거숭이 몸으로 창작활동에 몰두하기도 했다. 산책을 하다가 경찰에 체포된 적도 있었다. 떠돌이 거지로 착각했던 것이다.

요리접시를 웨이터 얼굴에 집어던져

청력이 떨어지면서 그의 성격은 더욱 괴팍해져 갔다. 베토벤이 어느 날 친구와 함께 저녁 식사를 하러 비엔나의 음식점 백조Swan에 들렀다. 그런데 공교롭게도 베토벤이 주문한 것과 다른 엉뚱한 음식이 나왔다. 다혈질인 베토벤이 가만 있으랴?

"아니, 이봐. 이건 로스트 비프 아닌가? 내가 주문한 건 이게 아닌데?"

"그런가요? 그럼 다시 주문하면 되죠, 뭐."

"뭐라고? 그 따위 사과가 어디 있어?"

베토벤은 소스가 잔뜩 부어져 있는 쇠고기 덩어리를 접시째 낚아채 웨이터의 얼굴에 냅다 던져버렸다. 웨이터는 속수무

책이었다. 양팔에 서너 개의 접시를 들고 있었으니 말이다(접시 너덧 개쯤은 쉽게 들고 다니는 게 비엔나 웨이터들의 특기). 웨이터의 얼굴에서 쇠고기 소스가 주르륵 흘러내렸다. 웨이터는 베토벤에게 욕설을 퍼붓기 위해 입을 달싹거렸다. 그러나 소스가 잔뜩 붙어 있어 입을 움직이기 어려웠다. 어쩔 수 없었다. 일단 소스를 핥아먹는 수밖에.

"쩝쩝쩝…."

웨이터가 일그러진 표정으로 혀를 쭉 내밀어 소스를 핥아먹는 모습이 어찌나 우습던지 손님들이 일제히 폭소를 터뜨렸다. 분기탱천해 있던 베토벤도 따라서 웃음을 터뜨리고 말았다.

베토벤은 자신이 고용하는 요리사들과도 걸핏하면 툭탁거렸다. 하루는 요리사가 계란 한 꾸러미를 사 왔다. 일주일치 먹을 계란이었다. 그런데 공교롭게도 계란 가운데 한 개가 깨져 있는 것을 베토벤이 발견했다.

"에이, 이게 뭐야? 깨진 계란을 사 오다니?"

베토벤은 계란 꾸러미를 빼앗더니 한 개씩 빼내 요리사의 얼굴에 마구 던졌다. 그녀의 얼굴에서 흰자와 노른자가 범벅이 된 채 흘러내렸다. 이런 그의 불같은 성미 때문에 툭하면 요리사를 새로 채용해야 했다.

잔인한 독설, 괴팍한 성미는 왜?

베토벤이 어쩌다가 툭 던지는 농담도 사람들을 무안하게 하기 일쑤였다. 그를 사모하는 한 여성 팬이 그의 머리카락 한 올만 뽑아 보내달라고 부탁한 적이 있었다(유럽에서는 오래 전부터 사랑하는 사람이나 존경하는 사람의 머리카락을 잘라 기념품으로 보관하는 풍습이 있었다). 베토벤은 자신의 머리털 대신 염소의 수염을 뽑아 그 여성 팬에게 보내 줬다. 그녀가 까만 염소 수염을 받아 보고 기겁했음은 불문가지다. 그가 연주하는 음악이 너무나 아름다워 사람들이 눈물을 흘리는 걸 보고 그는 "바보 같은 사람들이군!" 하고 폭소를 터뜨리기도 했다.

그는 독설로도 정평이 나 있었다. 뚱뚱한 바이올리니스트에게 〈뚱뚱한 이를 위한 찬가 Praise to the Fat One〉라는 제목의 곡을 만들어 선물해 모욕감을 느끼게 했다.

동생이 그에게 신년 카드를 보내온 적이 있다. 난생처음 스스로 돈을 벌어 땅을 산 동생은 카드 맨 끝에 "땅 소유주 Land-owner"라고 자랑스럽게 적었다. 웬만한 형 같으면 격려와 찬사를 보냈을 것이다. 하지만 베토벤은 동생이 땅을 사니 배가 아팠나 보다. 동생을 격려해 주기는커녕 카드를 되돌려 보냈다. 카드를 뒤집어 뒷면에는 "두뇌 소유주Brain-owner, 베토벤"이라고 적어서 말이다! 베토벤 자신은 땅의 소유주는 아닐지라도 그보다 몇 배나 나은 두뇌의 소유자라며 동생을 비꼬는 말이었다.

베토벤의 괴팍한 성미는 어린 시절의 각박한 가정환경에서 비롯됐다. 그는 술주정뱅이 아버지로부터 스파르타 식 피아노 레슨을 받았다. 그가 4세 때 피아노를 치다가 실수하면 아버지가 손등을 사정없이 때렸다. "피아노 앞에 앉아 우는 작은 아이." 그의 어릴 적 이웃들은 그를 이렇게 기억하고 있었다. 그는 음악에만 외곬으로 파고들어 다른 분야의 교육은 전혀 받아보지 못했다. 게다가 청력을 상실하면서 성격이 더욱 삐뚤어졌다. 그가 친구들과 주고받은 서신에는 죽음이 자주 언급된다.

"난 기꺼이 죽음에 빨리 다가서고 싶어. 끝없는 고통에서 빠져나오지 못할 것이므로…."

1813년 그는 사흘간 종적을 감췄다가 초췌한 모습으로 발견뎠다. 그가 그때 자살을 시도했던 게 아니냐는 분석이 지배적이다. 1816년 한 편지는 이렇게 씌어져 있다.

"지난 6주간 내 건강은 극도로 나빠졌어. 난 자주 죽음을 생각하고 있어. 두려움은 없어…."

베토벤의 우울증은 겨울철에 심해지곤 했다. 그래서 겨울철에는 아예 작품활동을 멈췄다가 기분이 좋아지는 여름철에 집중하곤 했다.

우울한 겨울철에는 작품활동 못해

여름철이 되면 그는 때론 밥도 안 먹고 일에 몰두했다. 마치 마취제를 맞은 사람처럼 꿈쩍도 하지 않았다. 한 번은 저녁 식사를 함께하기로 한 친구들이 찾아와 몇 시간이나 기다리며 앉아 있는데도 작품활동을 멈출 줄 몰랐다.

"저 여보게, 베토벤 끝내려면 아직 멀었나?"

"쉿!"

그는 일에 몰두할 때 누가 말을 걸거나 방해하면 마치 폭탄이 터지듯 폭발하곤 했다. 사자의 갈기처럼 늘 산발한 그의 머리가 분노를 상징하듯 더욱 위로 치솟는 듯했다. 친구들은 이런 습성을 익히 아는지라 어쩔 수 없이 그냥 슬그머니 집을 나서는 도리밖에 없었다. 아이러니컬하게도 그의 조울증은 그를 침체의 나락으로 떨어뜨리기도 했지만, 무드 상승기에는 청각상실의 고통과 외로움을 이겨 내는 엄청난 괴력의 원동력이 되기도 했다. 즉 기분이 걷잡을 수 없이 좋아질 때는 회색빛도 핑크빛으로 보는 비정상적인 자신감과 기쁨으로 충만했던 것이다.

하지만 그는 말년으로 접어들면서 점점 알코올에 의존하는 횟수가 많아졌다. 청각을 상실한 어둠의 세계가 갈수록 그를 옥죄면서 알코올만이 우울함을 달랠 수 있는 유일한 처방이었다. 거듭되는 폭음으로 그의 간은 완전히 기능이 마비되고 말았다. 결국 1827년 그는 56세를 일기로 영원히 눈을 감았

작곡에 몰두하는 베토벤

다. 괴팍한 성미로 인해 몇몇 안 되는 친구들마저 모두 그에게 등을 돌렸지만, 그의 음악을 사랑하는 20,000명의 시민들이 거리에 몰려나와 위대한 음악가의 죽음을 슬퍼했다.

✻ 괴팍한 성격은 납중독 탓?

2000년 10월, 과학자들이 베토벤의 머리카락 8올을 분석해 보니 비정상적으로 많은 양의 납이 검출됐다. 그가 평소 납에 많이 노출된 환경에서 살고 있었다는 증거였다. 그의 성격이 괴팍했던 것은 평생 따라다닌 병마도 문제였지만, 몸에 지나치게 많이 들어 있는 납 성분 탓이 아니었나 하는 분석도 나오고 있다.

4

제멋에 살고 죽는 사람들
화가들

01 미켈란젤로 부오나로티

1475~1564.
라파엘로, 레오나르도 다빈치와 함께 르네상스 3대 작가로 꼽힘.
주요작품: 《다비드 상(1504)》, 《최후의 심판(1541)》.

지독한 일중독증 환자이자 완벽주의자

뱀이 교황 의전관의 고환을 물고 있는 사연은?

오른쪽의 그림은 미켈란젤로가 1541년 완성한 로마교황청 시스티나 예배당의 〈최후의 심판〉 벽화의 일부다. 여기서 몸에 뱀이 감긴 채 지옥을 걷고 있는 사람은 누굴까? 당시 교황청 의전관이었던 비아지오 다 케세나였다. 미켈란젤로는 생존해 있는 사람을 왜 그처럼 나쁘게 묘사한 것일까? 케세나는 미켈란젤로가 벽화를 그리고 있을 때 심심하면 찾아가 잔소리를 늘어놓았다.

"아니, 예배당에 웬 알몸 잔치란 말인가? 꼭 목욕탕을 그려놓은 것 같군."

미켈란젤로는 저돌적인 성격의 소유자였다. 그는 케세나를 단단히 혼내주리라 작정했다. 아니나 다를까? 장장 7년간의 작업 끝에 완성한 대벽화가 모습을 드러내자 케세나는 충격을 감추지 못했다. 지옥에 떨어져 뱀에 감겨 있는 자신의 모습이 그려져 있었기 때문이다. 더구나 뱀은 그의 고환까지 물고 있는 것이 아닌가? 자신을 그런 저주받은 웃음거리로 묘사하다니. 안절부절못하던 케세나는 교황 바오르 3세를 찾아가 하소연했지만 교황은 태연했다.

"신은 내게 천국과 땅에서의 권한만 부여하셨네. 지옥 일은 내가 어쩔 수 없어."

벽화가 완성된 지 10년 후 교황청의 새 주인이 된 피오 4세는 벽화에 묘사된 인물들의 성기 부분을 나뭇잎이나 천 조각을 그려 넣어 모두 덮도록 지시했다. 케세나로서는 그나마 다행이었다.

잘난 척했다가 펀치 맞아 평생 납작코

미켈란젤로는 인류 역사상 가장 못생긴 예술가 중 하나였다. 선천적으로 얼굴이 못생긴 데다 어린 시절 친구로부터 강력한 펀치를 얼굴에 맞아 납작코가 돼버

렸다. 어찌 그런 일이? 차갑고 저돌적인 성격이 원인이었다.

미켈란젤로는 14세 때 피렌체 시의 권력자인 메디치 가문이 세운 조각학교에서 도제수업을 받은 적이 있다. 메디치 가문의 우두머리인 로렌초는 미켈란젤로의 재능을 높이 사 자신의 집에서 먹고 자도록 했다. 그러자 조각학교에 다니는 친구들이 그를 질시의 눈으로 보기 시작했다. 게다가 미켈란젤로는 자신보다 뒤지는 사람을 놀리는 나쁜 습관이 있었다. 미켈란젤로가 조각학교에 들어가기 전까지 가장 두각을 나타냈던 사람은 바로 피에트로 토리지아노Pietro Torrigiano. 어느 날 그들은 교회에서 그림을 그리고 있었다.

"야, 피에트로. 그걸 그림이라고 그리는 거야?"

"뭐라고?"

"넌 나보다 키도 크고 힘도 세지? 하지만 그림은 내가 나아!"

"뭐? 이게 정말!"

피에트로는 분기탱천했다. 평소 품고 있던 라이벌 의식까지 울컥 치솟아 올랐다. 주먹을 단단히 움켜쥔 뒤 미켈란젤로의 코에 젖 먹던 힘을 실어 보기 좋게 통쾌한 한 방을 날렸다. 피가 콸콸 쏟아졌다. 펀치가 어찌나 강력했던지 미켈란젤로의 코뼈가 으스러지는 게 느껴졌다고 피에트로는 나중에 털어놓았다. 미켈란젤로의 콧대를 영원히 꺾어 놓기로 작정하고 날린 한 방이었다. 미켈란젤로를 납작코로 만들어버린 피에트로는 결국 영국으로 도피했다.

작품에만 골몰하는 외곬

그 사건 이후 실제로 미켈란젤로는 평생 자신의 외모에 대한 열등감을 떨쳐버리지 못했다. 그렇잖아도 키도 작고 못생겨 고민이었는데, 코까지 납작해졌으니…. 그는 그런 열등감 탓인지 평생을 독신으로 보냈다. 대신 인체의 아름다움을 표현하는 데 온 정열을 쏟아 부었다. 다행히 그는 그런 정열을 지탱할 만한 넓은 어깨와 건강이 있었다. 그는 일단 일을 시작하면 식사도 거른 채 완전히 몰입했다. 배가 고프면 빵 조각을 조금씩 떼어먹는 게 고작이었다. 작업 중인 그림이나 조각상 옆에 이부자리를 갖다 놓고 잠도 그곳에서 갔다. 작업이 끝날 때까지 옷을 갈아입지도 않았고 목욕을 하지도 않았다(사실은 작업이 끝나도 목욕을 하는 법이 없었지만).

그는 작품을 시작하면 밤늦도록 일을 했다. 전깃불이 없던 시대에 어떻게? 그는 자신이 개발한 머리 촛불을 마치 지금의 머리 전등처럼 사용했다. 즉 이마에 가죽과 쇠붙이를 이어 만든 머리띠를 두른 뒤, 거기에 염소 기름으로 제조한 초를 꽂아 그림을 그리거나 조각을 했던 것이다. 보통 초는 녹으면 촛농이 뚝뚝 떨어지지만, 염소 기름으로 만든 초는 잘 떨어지지 않는다는 점에 착안했다.

"어휴, 이게 뭐야? 때가 뭉쳐서 딱딱한 덩어리가 돼버렸군? 아유, 더러워!"

푹푹 찌는 어느 여름날 미켈란젤로가 나무 그늘 아래서 신발을 벗어 놓고 있었다. 지나가던 이웃 사람이 그 모습을 지켜보고 던진 말이었다. 그는 잠 잘 때도 신발을 신고 잤다. 여름이든 겨울이든 마찬가지였다. 당시 그가 신던 신발은 값싼 개가죽으로 만든 것이었다. 개는 원래 땀구멍이 없다. 그래서 개가죽은 더욱 통풍이 잘되지 않는다. 개가죽 신발을 벗지도 않고, 발을 씻지도 않았으며, 사시사철 신고만 있었으니 오죽했을까? 어쩌다 신발을 벗는 순간이면 덕지덕지 단단한 덩어리로 변한 때가 마치 고목껍질처럼 떨어져 나왔던 것이다.

미켈란젤로는 몹시 내성적이고 우울한 성격이었다. 친구도 거의 없었고, 명성을 얻은 뒤에도 사교 생활을 기피했다. 그러면서도 남들로부터 무시당한다고 생각하면 일시에 폭발하는 성격이기도 했다. 대화를 하다가 갑자기 자리를 박차고 나가 사람들을 어리둥절하게 하기도 했다. 그러면서도 정작 미묘한 감정은 잘 표현하지 못했다. 동생의 장례식에서 슬픈 기색을 보이지 않아 사람들로부터 차가운 사람이라는 손가락질을 받은 적도 있었다. 이 때문에 일부 학자들은 미켈란젤로가 가벼운 자폐증을 앓았던 것으로 추정하고 있다.

미켈란젤로는 말년까지도 작품에 열정을 불태웠다. 팔순을 훨씬 넘긴 나이에도 도끼를 단번에 내리쳐 대리석 조각을 두 동강이를 낼 수 있었다. 평균 수명이 40세가 채 안 되던 당시에 그는 88세까지도 작품 활동에 몰두했다. 하지만 빗속에도 불구하고 승마를 즐기다가 폐렴에 걸려 결국 엿새 뒤에 숨을 거뒀다.

*교황 호위병 Swiss Guard 제복 디자이너는 미켈란젤로?

스위스 출신의 호위병들이 교황의 호위를 맨 처음 맡기 시작한 것은 1506년이다. 미켈란젤로가 태어나기 약 30년 전이었다. 돈을 받고 싸우던 스위스 국적의 용병들이었다. 이들은 창과 도끼를 겸한 미늘창과 장검을 무기로 사용했다. 미켈란젤로가 명성을 날리던 당시 교황은 그에게 교황 호위병 제복을 새롭게 디자인해 보라는 지시를 내렸다. 그는 고민 끝에 노랑, 파랑, 빨강 등 세 가지 색으로 된 제복을 만들어 냈다. 어릴 적 자신을 길러 준 피렌체의 메디치 가문이 사용하던 깃발 색깔이었다. 이 제복은 지금도 교황 호위병들이 입는 여러 제복 가운데 하나다. 교황 호위부대는 약 100명으로 세계에서 가장 규모가 작은 군대다. 호위병들은 반드시 스위스 국적으로 가톨릭 신자여야 하며, 신장은 172cm를 넘어야 한다.

02 레오나르도 다 빈치

1452~1519.
르네상스 시대의 이태리 화가, 조각가.
〈모나리자〉, 〈최후의 만찬〉으로 유명.

인체 해부를 위해 무덤을 뒤진 사내

공동묘지에서 시체 훔치기

"달그락, 달그락, 달그락…."

은은한 달빛. 조심조심 삽질하는 검은 그림자가 외딴 공동묘지 나무숲 사이로 길게 드리워져 있었다. 이윽고 삽질이 멈추고 검은 그림자가 무덤에서 시체를 끌어냈다. 그리고는 쪼그리고 앉더니 이마에 맨 촛불에 불을 붙였다. 레오나르도 다 빈치였다. 그는 재빨리 흙 위에 보자기를 깔아 놓더니 도살용 칼과 해부용 도구들을 늘어놓았다. 그리고 가장 큰 칼을 집어들더니 시체를 힘차게 갈라 내려갔다.

레오나르도 다 빈치

레오나르도는 끝없는 호기심을 가진 사람이었다. 일단 호기심이 발동하면 답을 얻기 위해 물불을 가리지 않았다. 호기심 중 하나는 시체 해부. 그가 스스로 해부했다고 밝힌 시체만도 무려 30구가 넘는다! 처음에는 밀라노 병원을 샅샅이 뒤지다가 피렌체와 로마 병원까지 찾아다녔다. 나중에는 사형수가 처형되길 기다렸다가 야음을 틈타 몰래 시체를 빼내 오기도 했다. 사형수가 없으면 공동묘지를 찾아갔다. 왜 그런 무시무시한 짓을? 뼈와 근육이 어떻게 움직이는지, 도대체 사람 몸은 어떤 구조로 돼 있는지 궁금했기 때문이었다. 언젠가는 임신한 여자의 시체를 해부하기도 했다. 아기가 엄마의 자궁 속에서 어떻게 자라는지 궁금해서였다. 당시 가톨릭교회는 은밀한 시체 해부를 공식적으로 금지하고 있었기 때문에 들키면 사형이었다. 레오나르도는 해부 결과를 노트북에 꼼꼼이 기록했지만, 나중에 그의 제자 중 한 명이 노트북을 영국 왕실에 몰래 팔아 버렸다.

밤늦게 시체 처형장이나 공동묘지에서 어슬렁거리는 검은 그림자, 피묻은 옷! 이웃 사람들이 그를 의혹과 공포의 눈으로 바라보았음은 불문가지다. 그에게는 이상야릇한 점이 한두 가지가 아니었다. 더구나 그는 왼손잡이였다. 왼쪽은 악마가 사는 곳이라 여기던 시절이라 그를 만나면 불길하다고 여기는 사람들도 많았다. 그는 궁금증이 풀리면 반드시 메모해 뒀다. 하지만 아무도 그의 메모지를 읽지 못했다. 다른 사람이 읽지 못하도록 거꾸로 썼기 때문이다.

레오나르도의 아버지는 변호사, 어머니는 농사꾼이었다. 그들은 평생 결혼을 하지 않은 채 살았다. 더구나 레오나르도는 의붓어머니를 넷이나 두고 살아 정서적으로 늘 불안하게 자랐다. 그에게 배움의 열망을 불어넣어 준 사람은 삼촌이었다. 그가 그림을 배우게 된 것도 사실은 적자가 아니라 서자였기 때문이었다. 당시 귀족의 자녀들은 예술을 배우기는 하되 직업으로 삼지는 않았다.

고기는 기분 나빠 못 먹어

그는 일단 그림을 그리기 시작하면 하루 종일 밥도 안 먹고 계속했다. 그는 철저한 채식주의자였다. 어느 날 한 이웃이 왜 고기를 안 먹느냐고 물었다.

"두 가지 이유가 있지. 첫째, 동물들이 불쌍하고. 둘째, 고기를 먹으면 기분이 나빠서 고기를 안 먹어."

"왜 기분이 나쁜데?"

"내 몸에 동물 시체 조각들을 저장해 두는 것 같아서."

레오나르도는 자신이 쓰는 돈 한 푼까지도 철저하게 메모해 뒀다. 그가 갖고 있던 노트북에는 어머니에 대해 딱 한 번만 언급돼 있다(어머니의 장례비용이 어떻게 쓰였는지 기록해 둔 것). 그래서 그의 노트북은 무려 5,000페이지에 달한다. 그는 결벽증 환자였다. 손끝에 작은 물감 자국만 묻어 있어도 불쾌하게 생각했다. 머리와 수염도 항상 단정하게 빗고 다녔다.

그는 과학에도 탁월한 재능을 보였다. 무기에 조예가 깊어 대포와 기관총, 잠수함 등의 기본 개념을 도형으로 그려 냈고, 밀라노 공작의 군사고문으로 일하기도 했다. 하지만 과학 발명품을 악의 마술이라 여겼던 당시 풍토 속에서 오히려 그에 대한 부정적 이미지를 키우는 결과만 낳았을 뿐이었다.

레오나르도는 평생 결혼을 하지 않고 독신으로 지냈다. 대신 시골 사내아이를 양자로 입양해 26년 동안 함께 살았다. 살라이라는 이름의 이 아이는 훔치기의 명수였다. 레오나르도의 물건을 훔쳐 가기도 했다. 레오나르도는 그래도 그를 끔찍이 아꼈다. 어느 해에는 신발을 24켤레나 사 주었다.

레오나르도의 작품만큼 온갖 수난을 겪은 것도 드물다. 〈최후의 만찬〉은 프랑스혁명 때 나폴레옹이 이끄는 군인들로부터 돌팔매질을 당했다. 2차 대전 때는 근처에 폭탄이 떨어지기도 했다. 최근에서야 500년 묵은 때를 거둬 내고 완전히 복원됐다.

1482년 레오나르도는 밀라노에 거대한 말 동상을 세워 보겠다고 밀라노 공작에게 제의했다. 높이 8m가 넘는 사상 최대의 말 동상이었다. 하지만 이 동상은 진흙 모형만 세워졌을 뿐 끝내 빛을 보지 못했다. 프랑스 군이 이태리를 침공할 때 진흙 동상을 사격 연습용으로 사용해 완파됐기 때문이다. 하지만 1999년 미국의 조각가들이 레오나르도가 구상했던 동상을 만들어 밀라노 문화공원에 전시했다가 2001년 고향인 빈치에 옮겨 놓았다.

---

* **모나리자는 세계에서 가장 비싼 그림?**

이제까지 미술품 경매사상 가장 비싼 그림은 피카소의 〈파이프를 든 소년 Garcon a la pipe〉이었다(2004년 5월, 뉴욕 소더비 경매장에서 1억 4

백 10만 달러에 낙찰) 모나리자는 1962년 미국 순회전시 직전 보험평가액이 1억 달러였다. 이를 2004년 현재 시가로 환산하면 무려 6억 2천 7백만 달러에 달한다. 영국의 기네스북은 이에 따라 모나리자를 세계에서 가장 비싼 그림으로 기록하고 있다. 명화 가치를 경매가로 평가하는 건 무리이기 때문이다. 왜? 명화들은 대개 유명 박물관에 소장돼 있게 마련이고, 일단 명화를 확보한 박물관들은 여간해서는 팔려 들지 않기 때문이다.

* 모나리자의 모델은 정말 누구일까?

이탈리아의 학자 주세페 팔란티는 모나리자가 피렌체의 부인을 실존 모델로 했다고 주장하고 있다. 그는 『모나리자, 실제의 여인』이라는 저서를 통해, 당시 피렌체의 부유한 비단상인이었던 프란체스코 델 지오콘도의 두 번째 아내 리자가 바로 모나리자의 모델이라는 것이다. 한편 16세기 이탈리아 작가 조르조 바사리가 쓴 다빈치 전기에도 모나리자의 실제 주인공이 리자 게라르디니라고 기록돼 있다. 모나리자가 다빈치 자신을 여성으로 가정해 그린 것이라는 주장도 꾸준히 제기돼 왔다.

다빈치가 리자를 그리기 시작한 것은 1508년(그녀가 24세 때). 그는 4년간 작업에 몰두했다. 그러다가 1507년, 돌연 작업 중이던 초상화를 들고 피렌체를 떠났다. 초상화를 완성하지 못해서인지, 아니면 그리고 나서 너무 마음에 들어서였는지 정확히 알 수는 없다. 여하튼 그 초상화를 지니고 프랑스에 가서 프랑스 왕에게 팔았다. 나중에 나폴레옹은 자신의 침실에 걸어두기도 했다. 한때 도난당하는 등 수난을 겪다가 현재 파리의 루브르 박물관에 보관돼 있다.

03 고흐

1853~1890.
네덜란드의 화가.
주요작품: 〈감자 먹는 사람들(1885)〉, 〈해바라기(1888)〉, 〈가세 박사의 초상(1890)〉.

고독했던 미치광이

귀를 잘라 창녀에게 선물

아래 귀를 붕대로 감아 올린 고흐의 자화상. 이 자화상에 얽힌 정확한 사연은 정말 어떤 것일까? 그 진실은 고흐 자신과 고갱만이 알고 있었다.

1888년 프랑스 남부의 아를르. 크리스마스이브였다. 골목길에 위치한 한 작은 카페에서 두 남자가 말다툼하는 소리가 들려왔다. 그러더니 한 남자가 몹시 흥분한 표정으로 뛰쳐나왔다. 고갱이었다. 잠시 후 고흐도 역시 벌겋게 상기된 얼굴로 씩씩거리며 뛰쳐나왔다. 그리고는 앞서가는 고갱을 향해 소리쳤다.

"야, 고갱. 이거 봐!"

고갱이 뒤를 돌아보

귀에 붕대를 감고 있는 고흐의 자화상

니 고흐가 면도칼을 들어 보인 채 서 있었다. 고갱은 섬뜩했다. 저놈이 또 무슨 짓을 하려고…. 아무 말 없이 고흐를 노려보았다.

"후닥닥…."

고흐가 갑자기 면도칼을 든 채 부리나케 뛰어 달아났다. 여기까지는 아를르에서 그와 9주간 함께 살았던 고갱이 나중에 증언한 내용이다.

고흐는 집에 돌아가 어떤 짓을 했을까? 그는 의자에 걸터앉자마자 면도칼로 오른쪽 귀 아랫부분을 잘라 냈다. 헉! 검붉은 피가 뚝뚝 떨어져 내렸다. 그는 흥분된 탓에 통증도 느끼지 못했다. 그리고 수건으로 귀를 칭칭 동여맸다. 잘린 귓불을 손수건에 쌌다. 피가 흥건하게 젖었다. 그는 피에 젖은 수건을 버렸다. 피가 좀 멎은 뒤 귓불을 종이로 감싼 뒤 다시 다른 손수건으로 더 쌌다. 그걸 누구한테 주려는 것일까? 그가 찾아간 사람은 평소 친하게 지내는 창녀 라셀이었다.

"어, 고흐? 무슨 일이야, 이 늦은 밤에? 귀를 다쳤어?"

"이거 받아. 선물이야. 잘 보관해."

"크리스마스 선물?"

손수건을 열어 본 라셀은 소스라치게 놀랐다. 피가 엉킨 잘린 귓불을 보고 그 자리에서 기절하고 말았다.

고흐는 창녀 집을 뛰쳐나왔다. 크리스마스이브 깊은 밤이라 그런지 거리에는 인적이 없었다. 정신이 혼미해짐을 느꼈다. 귀를 감싼 수건은 피범벅이 됐고 아직도 피가 흘러내리고 있었다. 그는 집에 돌아가 문을 닫았다. 그리고는 침대에 쓰러졌다. 피를 너무 많이 흘려 기절한 것이다. 그가 완전히 제정신을 되찾은 것은 무려 2주나 지난 뒤였다. 그는 라셀을 찾아가 사과했다. 하지만 그녀는 냉랭했다.

그림 사 주는 사람 아무도 없네

귀 절단 사건 이후 고흐는 거의 식음을 전폐한 채 그림 그리기에 몰두했다. 나흘 동안 아무것도 먹지 않은 채 커피만 무려 23잔이나 마신 적도 있었다. 워낙 가난해 음식을 살 돈조차 떨어진 탓이기도 했

고흐가 살던 집

다. 그는 배고픔과 고단함을 뼈져리게 느낄수록 더욱 작품에 몰입했다. 아를르에서 생활하는 15개월간 그는 이틀에 그림 한 점씩 그려 내는 놀라운 능력을 발휘했다.

고흐는 그림을 그리기 시작한 지 불과 10년 만에 무려 20,000점에 달하는 그림을 그렸다. 하지만 살아 있는 동안 팔 수 있었던 건 단 한 점. 그를 인정해 주는 사람은 아무도 없었다. 평생 정신병에 시달렸던 고흐. 그는 인생의 마지막 시기를 사랑하는 동생 테오와 가까이 지내기 위해 파리 북쪽 교외로 옮겼다. 죽기 직전 두 달 동안 80점의 작품을 쏟아 냈다.

권총 빌려 배에 쏘다

1890년 여름날이었다. 여인숙의 3층 다락방에 세들어 살던 고흐가 주인을 찾았다.

"주인 아저씨, 권총 좀 빌려 주세요."

"아니, 왜?"

"밀밭에 까마귀 떼가 많이 몰려들어서요. 총소리를 내서 쫓아내야겠어요."

밀밭에 간다고 나간 고흐는 저녁 늦게까지 돌아오지 않았다. 무슨 일이 일어난 걸까?

 7월 땡볕이 따갑게 내리쬐고 있었다. 고흐는 밀밭 사이를 마치 실성한 사람처럼 걷고 있었다. 밀밭을 지나 오베르 성으로 걸음을 옮겼다. 성 위에서 바라보는 끝없이 펼쳐진 밀밭. 정말 아름다웠다. 고개를 들었다. 잠시 태양을 바라보았다. 이글이글 작열하고 있었다. 나도 저 태양 같은 뜨거운 열정으로 오래도록 그림을 그리고 싶었지…. 그는 나지막하게 중얼거렸다. 그리고는 배에 권총을 갖다 댔다. 며칠 동안 아무것도 먹지 못해 가죽만 남은 배였다. 뱃가죽에 와 닿는 총구는 몹시 차갑게 느껴졌다. 두 줄기의 굵은 눈물이 양 볼을 타고 주르륵 흘러내렸다.
 "탕!"
 고흐는 피투성이가 된 채 비틀비틀 가까스로 여인숙까지 도착했다. 그가 쿵 소리를 내며 쓰러지자 주인아저씨가 나타났다.
 "아니, 이게 웬일이야, 고흐!"
 "주인아저씨, 제 동생 좀 불러 주세요…."
 고흐는 한사코 의사를 부르지 말라고 우겼다. 그럴만한 돈도 없었다. 드디어 동생 테오가 달려왔다. 차갑고 외로운 이 세상에서 유일하게 자신을 천재라며 격려해 주고 도와준 동생이었다. 테오는 침대에 올라가 형을 팔에 안았다. 고흐의 얼굴은 갈수록 심하게 창백해지고 있었다. 신음하던 고흐가 간신히 말을 내뱉었다.

"아, 내 작품들… 난 거기에 내 인생을 걸었지…. 이제 이 모든 게 빨리 끝났으면 좋겠어."

이 말을 끝으로 고흐는 영원히 두 눈을 감았다. 그의 나이 37세였다. 형을 천재라고 생각했던 테오는 형언할 수 없는 충격과 슬픔에 휩싸였다. 그 후유증으로 시름시름 앓다가 6개월 뒤 형을 따라 33세의 나이로 세상을 떠나고 말았다.

기분 좋아지면 천재적 능력 발휘

고흐는 극심한 조울증 환자였다. 기분이 침체기에 빠질 때는 걷잡을 수 없었다. 그가 1882년 침체기에 동생 테오에게 쓴 편지에서 그 일면을 엿볼 수 있다.

"남들이 볼 때 난 도대체 뭔가? 아무 가치도 없는 괴짜, 불쾌감만 주는 사람이지. 사회적 지위도 없고, 앞으로도 그럴 수밖에 없는 하류층에서도 최하에 속하는 사람이지…."

그가 면도칼로 자신의 귀를 자른 것도 이런 정신적 공황 상태에서 저지른 일이었다. 하지만 그는 기분이 좋아질 땐 모든 걸 비정상적이고 낙관적으로 보았다. 어느 날 테오에게 이런 편지를 보냈다.

"태양이 떠 있어. 노란빛이라고 표현할 수밖에는 없군. 하지만 엷은 금빛 레몬색조의 노란색이지. 노란색은 어찌나 사랑스러운지!"

기분이 상승할 때의 고흐는 마치 불꽃같았다. 일단 작품에 대한 열정에 휩싸이면 다른 것은 눈에 보이지 않았다. 카페에 앉아 메뉴판에 그림을 그리기도 하고, 책이나 신문조각에 그리기도 했다. 며칠간 아무것도 먹지 않고 그림에 몰두하기 일쑤였다. 그렇게 해서 절약한 돈으로 화구를 샀다. 평소 먹는 것이라곤 빵과 치즈, 물이 전부였다. 담배는 늘 입에 달고 살았다. 블랙 커피를 하도 많이 마셔 늘 복통과 불면증에 시달렸고, 간질과 정신분열증, 조울증, 매독, 영양실조 등 온갖 질병으로 고통을 받았다. 게다가 충치까지. 그는 모두 10개나 되는 이를 뽑아내야 했다. 아이들은 그가 지나가면 "미친 아저씨! 미친 아저씨가 지나간다!"라고 외쳐 댔다. 19세기 인류가 낳은 최고의 천재 화가는 이처럼 지독한 가난과 외면, 놀림을 받아야 했던 것이다!

* 고흐가 일생 동안 팔았던 딱 한 점의 그림은?

1888년 고흐가 강렬한 태양 아래 포도밭에서 일하는 사람들의 모습을 그린 작품만이 그가 팔았던 유일한 그림이다. 작품성이 그리 크지 않으나 그가 생전에 팔았던 유일한 그림이라는 의미를 담고 있다. 당시 단돈 400프랑에 팔렸다.

* 사후 세계 최고가에 팔린 〈가셰 박사의 초상〉

고흐가 죽은 지 백 년만인 1990년, 그의 말년 작품 〈가셰 박사의 초상 Portrait of Doctor Gachet〉은 뉴욕 크리스티 경매장에서 8천 2백 50만 달러에 팔렸다. 경매 사상 최고의 가격이었다. 현재의 화폐 가치를 감안하면 1억 1천 7백만 달러에 달한다. 인상파 화가들의 후원자였던 폴 가셰 박사가 고흐를 만났을 때는 61세였다. 고흐는 유사요법 전문가인 가셰 박사가 손에 약초를 들고 있는 모습을 그렸다.

04 파블로 피카소

1881~1973.
20세기 최고의 화가, 입체파cubism 미술의 창시자.

못 말리는 바람둥이

피카소가 그린 초상화나 사진들은 대개 그와 함께 살던 여인들이 대상이었다. 그와 동거했던 여인들은 모두 7명. 이 가운데 2명은 자살했고, 2명은 정신이상자가 됐으며, 1명은 젊어서 요절했다.

그는 한꺼번에 2~3명의 여성들과 사귀기도 했다. 여자관계가 복잡해지면 자신이 직접 개입하기보다는 여성들끼리 서로 싸워 스스로 해결하도록 유도하는 방법을 택했다. 이런 사실에 분노한 이웃들이 언젠가는 그의 집 창문에 돌을 집어던지기도 했다. 그는 정말 돌팔매질을 당할 만한 짓을 했던 것일까?

첫 연인 페르난데
Fernande Olivier

페르난데는 20대 초반의

피카소가 파리의 한 빈민가에서 데리고 살았던 여인이다.

"피카소! 오늘은 제발 문 좀 잠그고 가지 마! 갑갑해 죽겠단 말이야!"

"잠자코 누워 있어. 갔다 와서 또 그림 그려야 하니까 푹 쉬고 있어."

"쳇, 모델료도 안 주면서 큰 소리는!"

철컥! 피카소가 방문을 잠그고 나갔다. 외출할 때마다 그랬다. 그는 젊어서부터 괴팍하기 짝이 없었다. 그녀는 나중에 회고록을 통해 피카소의 가학적이고 비뚤어진 성격의 일단을 털어놓은 적이 있다. 피카소는 일중독자이자, 충동구매자요, 엄청난 질투심의 소유자였다는 것이다.

페르난데 올리비에

페르난데는 너무나 가난해 외출할 때 신을 만한 변변한 구두 한 켤레조차 없었다. 피카소가 문을 잠가 놓고 나가면 어느 때는 며칠 밤낮을

낡아빠진 침대 속에서 나뒹굴 수밖에 없었다. 피카소는 그러다가 돌아와 마치 미친 사람처럼 열정을 퍼붓기도 하고, 그녀를 모델로 그림을 그려 대기도 했다. 페르난데의 회고록이 나오자 그는 온갖 방법을 동원해 출판 방해 공작을 펴기도 했다.

격정에 시달리다 죽은 에바 Eva Gouel

화가로서 명성과 돈이 쌓이기 시작하자 1912년 피카소는 돌연 올리비에를 버렸다. 미모의 에바와 뜨거운 사랑에 빠졌던 것이다. 결국 친구의 연인을 가로챈 것이다.

하지만 동거생활은 오래가지 못했다. 에바가 폐결핵에 걸려 시름시름 죽어 간다고 판단되자 그녀 역시 헌신짝처럼 차버렸기 때문이다. 그녀로서는 피카소의 격정적인 생활방식을 견뎌 내기에는 너무나 허약한 몸이기도 했다.

정신이상자가 된 발레리나 올가 Olga Koklova

1914년 파리의 한 극장. 발레극이 끝나자마자 무대 감독을 맡았던 피카소가 부리나케 무대로 뛰어 올라갔다. 그는 발레극 내내 춤추는 발레리나 60여 명을 유심히 지켜보고 있었다. 공연이 끝나자 그중 가장 아리따운 발레리나 올가에게 다짜고짜 말을 걸었다.

"올가, 내가 바로 피카소요! 오늘 행사의 무대 감독이기도 하오."

피카소는 귀족형 여자인 올가와는 정식으로 결혼식까지 올리고 살았다. 올가는 파리 상류층과 사교계에 피카소를 소개했다. 그러나 피카소는 예의와 격식을 몹시 싫어했다. 그가 점점 다른 여자들에게 관심을 돌리는 기색이 역력해지자 올가도 남편을 다그치기 시작했다. 그때마다 피카소는 분노를 터뜨리기 일쑤였다. 아내에 대한 격렬한 분노는 그의 작품에 그대로 드러나고 있다. 피카소가 등을 돌리면서 올가는 신경쇠약증세를 보이기 시작했다. 그들은 결혼생활 10여 년 만에 결국 파경을 맞았다.

하지만 피카소는 이혼문서에는 끝내 도장을 찍어 주지 않았다. 프랑스에서는 이혼을 하면 재산을 반분해야 했기 때문이다. 피카소와 헤어진 뒤 올가의 정신이상증세는 더욱 심해져 갔다. 그녀는 피카소가 새 여인들과 밀회를 즐기는 곳마다 마치 귀신처럼 홀연히 나타났다 사라지곤 했다. 당시에는 스토킹 stalking을 금지하는 법이 없던지라 경찰에 신고해 봤자 아무런 소용이 없었다. 영문을 모른 채 피카소와 데이트를 하던 여성들은 갑자기 창밖에 나타나 자신들을 응시하는 올가의 모습을 보고 모골이 송연해질 수밖에!

철없는 15세에 걸려든 마리 테레즈 Marie-Therese Walter

1925년 파리의 라파예트 갤러리 근처를 거닐던 피카소는 눈이 휘둥그레졌다. 저 앞에서 금발의 한 아름다운 소녀가 마치 나비처럼 사뿐사뿐 걸어가고 있었던 것이다. 피카소는 뚜벅뚜벅 걸어가 말을 붙였다.

"이거 봐요, 아가씨. 잠깐만."

"왜 그러시죠?"

"난 피카소요. 우리 집에 갑시다. 당신은 세계 최고의 모델이 될 수 있는 미모를 갖고 있소."

피카소는 6개월간 마리 테레즈를 쫓아다녔다. 그가 언제부터 그녀와 동거생활을 했는지는 여전히 베일에 가려져 있다. 그의 공식적인 설명은 1927년 서로 만났다는 것이다.

하지만 여러 조사결과 그들은 적어도 1925년부터 만난 것으로 드러나고 있다. 1925년 피카소의 작품에 그녀가 나타나고 있으니 말이다. 1925년이라면 그녀의 나이가 불과 15세였을 때다. 만일 피카소가 15세의 소녀를 만나 성관계를 가졌다면 이는 명백한 미성년자 간음이다! 이런 점을 우려해서인지 생전에 피카소는 마리 테레즈의 나이 17세에 서로 만나 성년이 되는 18세 생일날 그녀의 부모로부터 사귀어도 좋다는 허락을 받았다고 줄기차게 우겼었다. 이처럼 사회적 터부를 무시하는 피카소의 성격은 거침없는 그의 그림에도 고스란히 나타나고 있다.

테레즈는 피카소로부터 끊임없는 순종과 희생을 강요당했다. 그러면서도 온갖 핍박과 수모를 당했다. 무식하고 세련되지 못하다는 이유 때문이었다. 그녀는 피카소의 딸까지 낳고 살다가 배신당한 뒤 심한 우울증에 시달리다가 1977년 결국 자신의 집 차고에서 목을 매 자살하고 말았다.

인격을 짓밟힌 사진 작가 도라 Dora Maar

피카소가 도라를 만난 것은 1936년 파리. 그녀는 매혹적인 용모의 사진 작가였다. 그녀가 피카소와 동거한 기간은 7년. 동거 기간 중 피카소의 작품에 나타난 그녀의 모습은 대개 눈물을 흘리고 있다. 동거를 끝낸 그녀에게 남은 건 잔인한 천재에 의해 무참히 짓밟힌 파괴된 인격뿐이었다.

그래서 피카소와 헤어진 직후 몇 년 동안 정신요양원에 입원해 정신건강을 되찾으려 무척 애를 썼다.

하지만 황폐화된 정신을 완전히 되살리기는 역부족이었다. 그 뒤 그녀는 사생활을 철저하게 베일에 가린 채 은둔자의 길을 걷다가 1997년 90세를 일기로 파리의 한 작은 아파트에서 홀로 쓸쓸히 생을 마감했다. 그녀가 죽은 일 년 뒤 재산목록을 조사하던 미술전문가들은 깜짝 놀랐다. 그녀의 은행금고에 수천만 달러 상당의 피카소 그림들이 숨겨져 있었기 때문이다. 〈울고 있는 여인 The Weeping Woman〉 등 피카소가 그린 그녀의 초상화들이었다.

피카소를 차버린 유일한 여인 프랑수와즈 Francoise Gilot

파리가 독일군에 점령돼 있던 1941년 어느 날 밤 한 레스토랑. 친구들과 식사를 하던 23살 프랑수와즈는 깜짝 놀랐다. 피카소가 같은 식당에서 식사를 하고 있었던 것이다.

"어머, 저거 좀 봐. 저 사람 혹시 피카소 아니야?"

대학원에서 미술을 전공하던 프랑수와즈에게 피카소는 숭배의 대상이었다. 그는 피카소에게 다가가 인사를 건넸다. 대화는 술술 풀려 갔다.

"정말 놀라워요. 저보다 나이가 3배나 많은 선생님과 이렇게 말이 잘 통하니 말이에요."

"프랑수와즈. 그럼 내 스튜디오에 가서 얘기를 계속할까?"

프랑수와즈는 신이 났다. 피카소와 알고 지내면 미술가로서의 자신의 미래도 분명 밝아질 것이라 생각했다. 20대 초반의 앳된 화가지망생 처녀와 60대 중반의 백발이 성성한 노화가는 2차 세계대전이 끝나자마자 결혼식을 올렸다. 물론 그녀의 부모는 결혼에 절대 반대였다. 하지만 그녀가 가출을 불사하면서까지 감행한 결혼은 정신적 대공황이었다.

그녀는 1964년 펴낸 회고록 『피카소와의 삶Life with Picasso』을 통해 결혼생활 10년을 이렇게 술회하고 있다. "피카소는 내가 만난 남자 가운데 가장 까다롭고, 권위주의적, 다혈질적이며, 최악의 바람둥이였다. 나는 어린 나이에 가학적인 피카소의 꾐에 빠져 조종당하며 지내다 배신당했다."

이 책이 나오자 피카소는 펄펄 뛰었다. 책의 출판을 막으려 백방으로 뛰었지만 허사였다.

프랑수와즈는 피카소가 자신의 친구와 밀애를 즐긴다는 사실을 알아챈 뒤 미련 없이 떠나기로 결심했다. 그녀가 떠나겠다고 하자 피카소는 껄껄 웃었다.

"한번 떠나보지? 나 같은 남자를 두고 감히 떠날 여자는 없을걸?"

프랑스와즈가 정말 떠나버리자 피카소는 심한 충격을 받았다. 이제까지 자신을 차버린 여성은 단 한 명도 없었기 때문이다. 그녀는 떠나기 전 만반의 조치를 취했다. 피카소와의 사이에 나은 두 아이들을 피카소의 자식으로 몰래 입적시켜 아버지가 죽으면 엄청난 유산을 물려받을 수 있도록 했던 것이다. 그리고 나서는 자신과 같은 또래의 미술가를 만나 새로운 삶을 찾았다.

프랑스와즈와의 즐거운 한때(영화의 한 장면)

권총 자살한 마지막 여인 자클린 Jacqueline Roque

피카소는 곧 다른 여인을 찾았다. 감히 자신을 차버린 프랑스와즈에 대한 보복으로 정식으로 결혼식까지 올렸다. 피카소의 나의 80세였다. 그의 마지막 여인 자클린은 무척 헌신적이었다. 피카소가 말년을 창작 활동에 전념하도록 해준 여자였다. 둘이 처음 만난 것도 그녀가 필사적으로 피카소를 유혹한 때문이었다. 피카소의 비서, 통역, 요리사, 운전기사, 간호원, 모델 등 온갖 역할을 해주다가 1961년 마침내 80세의 피카소와 결혼에 성공했다. 피카소가 1973년 92세의 나이로 사망할 때 곁에 있었던 것도 자클린이었다. 그럼 그녀는 정말 행복했던 것일까? 그녀는 피카소가 죽은 13년 뒤인 1986년, 자신의 머리에 권총을 쏘아 자살했다.

피카소는 광적인 남성우월주의자였다. 그는 평소 주위 사람들에게 이렇게 말하곤 했다.

"이 세상 여자들은 두 가지다. 여신이든 도어매트이든 두 가지 중 하나일 뿐이다."

여신처럼 뛰어난 미모의 소유자가 아니면 짓밟아도 되는 도어매트(doormat, 현관의 구두 흙털개 매트)라는 것이다. 그가 여성을 삽살개poodle로 표현한 발언도 유명하다.

"삽살개처럼 서로 빼어 닮은 것도 없다. 여성들도 마찬가지다There's nothing so similar to one poodle dog as another poodle dog, and that goes for women, too."

피카소는 여성을 바라보는 시각만 삐뚤어진 게 아니었다. 친구들이나 동료 화가들, 팬들에게도 잔인하게 굴기 일쑤였다. 언젠가는 팬들이 우르르 몰려들자 돌연 평소 차고 다니던 권총을 뽑아 공포탄을 쏘기도 했다(그는 외출할 때마다 권총을 소지하고 다녔다). 팬들이 질겁해 달아났음은 물론이다. 그는 의심도 많았다. 그래서 돈지갑은 반드시 양복조끼 안주머니에 깊숙이 집어넣은 뒤 다시 옷핀으로 이중안전장치를 갖춰 놓는 습관도 있었다. 따라서 그는 식사를 마친 뒤 음식값을 지불할 때마다 외투와 양복, 조끼 단추를 풀고 옷핀을 빼는 등 온갖 부산을 떨어야 했다. 자신의 화실은 철저하게 잠가 두고 아무도 출입하지 못하게 했다. 어쩌다가 화실의 먼지라도 털어야 할 경우에는 스스로 털었다.

작은 키에 남다른 체력 타고나

그는 키가 155cm밖에 되지 않는 단신이었지만, 남다른 체력을 타고났다. 캔버스 앞에 서서 한번 그림을 그리기 시작하면 7~8시간씩 줄곧 식사도 거른 채 계속하기도 예사였다. 그가 남기고 간 작품은 무려 50,000점. 영국의 기네스북은 그를 세계에서 가장 많은 작품을 남긴 화가로 기록하고 있다. 그는 92세로 심장마비에 걸려 죽는 날까지도 쉬지 않고 그림을 그렸다. 90세가 되던 해에도 무려 200점이나 그렸다.

괴팍하고 잔인하면서도 천재적인 재능을 보인 피카소. 그를 어떻게 이해해야 할까? 그는 어릴 때 독서장애증dyslexia을 겪었다. 아무리 가르쳐 줘도 책을 읽거나 글을 쓰지 못했다. 수업시간이면 공부는 제쳐 놓고 집에서 갖고 간 비둘기를 책상 위에 올려놓고 그림을 그리곤 했다. 학교를 안 가려고 아프다고 꾀병을 부리기 일쑤였다.

그가 조울증을 앓고 있었다고 보는 과학자들도 많다. 일견으로는 불같이 다혈질적이고 일에 열정을 쏟으면서도 마음속 깊은 곳에는 극심한 우울증세가 잠복하고 있었다는 것이다. 그의 여섯 번째 부인이었던 프랑수와즈가 회고록에서 털어놓은 말은 그런 일면을 엿보게 한다. 그녀에 따르면 피카소는 매일 아침 늘 입버릇처럼 이렇게 말했다.

"난 죽을병에 걸렸어. 정말 자살하고 싶어."

참다 못한 프랑수와즈는 어느 날 아침 문을 확 열고 소리쳤다.

"자, 정 그렇다면 뛰어내리세요!"

그다음부터 그는 프랑수와즈에게 다시는 자살하고 싶다는 말을 하지 않았다고 한다. 비단 프랑수와즈뿐 아니라, 그와 함께 지냈던 모든 여인들이 늘 바늘방석이었다. 그들은 이구동성으로 말했다. 그와 함께 살려면 하루 24시간 내내 갑옷을 입고 있어야 한다고.

피카소는 이미지 관리의 천재이기도 했다. 그는 일찌감치 그림 한 점의 가격은 화가의 예술적 재능보다는 화가의 이미지가 좌우한다고 판단했다. 그래서 늘 남들을 대할 때는 의도적으로 눈매를 날카롭게 하려 애썼고, 입에는 담배를 물고 다녔다. 강렬한 이미지와 자신감을 풍기기 위해서였다. 행동도 마찬가지였다. 어떤 상황이든 자신이 완전히 장악하고 있어야 한다고 믿었다. 남들을 배려하기보다는 남들 위에 군림해야 했다. 평소 권총을 지니고 다닌다거나 여성들을 학대했던 것도 이런 생각에서 나온 것이었을까? 그의 그런 생각이 맞아떨어졌는지도 모른다. 그의 그림은 부르는 게 값이었으니 말이다. 그의 재산은 1973년 사망 당시 무려 10억 달러로 평가됐다. 특히 그의 작품 〈파이프를 든 소년 Garcon a la pipe〉은 2004년 뉴욕 소더비 경매장에서 미술품 경매사상 최고가인 1억 4백만 달러에 낙찰되기도 했다.

피카소가 기거했던 남프랑스 고성

천하를 호령했던 여걸들
여성 위인들

01 엘리자베스 1세

1533~1603.
45년간의 재위(1558~1603).
스페인 무적함대 격파, 동인도 회사 설립, 중상주의 정책으로 영국을 유럽 최강국으로 키움.

아름답다는 소리는 안 들어도 좋아

5년간 옥살이하다 왕위에 올라

엘리자베스의 아버지 헨리 8세는 폭군이었다. 그가 두 살 때 어머니의 목을 베었다. 그리고 8세 때는 계모를 처형했다. 아버지는 아들 낳기에 집착해 6번이나 결혼했다. 엘리자베스는 4명의 계모들 눈치를 보며 자랐다. 그래서 어린 시절은 늘 공포와 악몽의 연속이었다. 주변 사람을 여간해서는 신뢰하지 않게 됐고, 일찍부터 절대로 결혼을 하지 않겠다고 결심했다.

엘리자베스

아버지가 죽자 이복 오빠가 왕위에 올랐다. 6년 뒤 그가 죽자 이번에는 이복 언니가 여왕이 됐다. 하지만 언니는 엘리자베스의 옹립설이 나돌자 그를 런던 탑 감옥에 감금시켰다. 거기서 무려 5년간 억울한 옥살이를 했다. 자신도 어머니처럼 언제 처형당할지 모른다는 공포 속에 하루 하루를 떨며 지냈다.

악몽은 25세 때 갑자기 끝나버렸다. 언니가 죽자 여왕이 된 것이다. 여왕이 되자 장관들이 회의를 열어 빨리 결혼하라고 정식으로 건의했다.
"폐하, 결혼을 하지 않고는 나라를 다스리기가 어렵습니다."
"왜 그렇단 말이오?"
"폐하께서 결혼을 하지 않으시면 국민들이 불안해합니다."
당시 사람들은 결혼하지 않은 여성은 사람 구실을 못한다고 생각했다. 여자가 결혼하지 않고 지내면 온갖 억측과 소문이 나돌던 시절이었다. 하지만 엘리자베스는 단호했다. 끊임없이 성화를 부리는 장관들에게 이렇게 말했다.
"내 몸은 비록 약한 여성이지만 왕의 심장과 배포를 갖고 태어났소. 이제부턴 결혼 얘기 꺼내지도 마시오."

엘리자베스에게 청혼하는 유럽의 왕족들은 끊이지 않았다. 특히 당시 세계 최대 강대국이었던 스페인의 필립 2세는 청혼이 거절되자 마침내 분기탱천해 영국에 전쟁을 선포했다. 필립 2세는 130척의 전함으로 구성된 무적함대로 하여금 영국을 공격토록 했다. 하지만 9일간의 해전 끝에 영국 해군에 의해 격퇴당하고 말았다. 이 해전을 계기로 세계의 해상 주도권은 점차 영국으로 넘어가게 됐다.

파티도 좋아하고 욕설도 잘하고

그녀는 때로는 잔인하고 단호하지만, 장난기가 철철 넘치는 여왕이기도 했다. 어릴 적 친구였던 로버트 더들리에게 백작의 작위를 수여하면서 남몰래 슬쩍 그의 목을 간질이기도 했다. 그는 파티와 선물을 좋아했다. 무려 18일간에 걸쳐 파티를 연 적도 있었다. 당시는 화장실과 쓰레기처리 시설이 엉망이던 때라, 한 성에서 수백 명이 몇 주간 밤낮으로 파티를 벌이다 보면 오물이 산더미처럼 쌓이게 마련이었다. 놀던 성에 오물이 쌓이면 다른 성으로 가고, 또 거기도 오물이 쌓이면 또 다른 성으로 찾아갔다. 옛날 왕이나 영주들이 이 성 저 성으로 옮겨다니며 지냈던 것은 바로 오물과 쓰레기 때문이었다.

엘리자베스도 무려 60개의 성과 50여 채의 별장을 소유하고 있었다. 여왕 일행이 며칠씩 밤새 촛불을 화려하게 밝혀 놓고 파티를 즐기다 가버리고 나면 죽어나는 건 하인들이었다. 그들은 며칠씩 구역질나는 냄새를 맡으며 배설물과 쓰레기를 치워야 했다. 여왕이 한 번 이동할 때마다 먹을 음식과 소지품 등을 실은 200여 대의 마차가 꼬리를 물었다. 하루에 이동할 수 있는 거리는 기껏해야 16~18km 정도였다.

엘리자베스는 이렇게 먹고 마시고 노는 일에만 익숙하다 보니 매사에 참을성이 없었다. 걸핏하면 버럭 화를 냈다. 카드 게임을 하다가 잘 안 풀린다거나 맥주가 시원하지 않아도 벌컥 화를 냈다. 시녀나 신하들에게 평소 사근사근하게 대하다가도 갑자기 욕설을 퍼붓거나 고함을 질렀다. 침을 뱉기도 했다. 그래도 화가 안 풀리면 고래고래 소리를 지르다 기절하기도 했다. 기절하면 시녀들이 달려가 식초를 코에 갖다 대 깨어나도록 했다. 그녀는 처형하겠다는 위협도 서슴지 않았다. 엄포용으로 하는 위협일 때가 많았지만, 빈말이 아닌 때도 있었다. 사촌 언니인 메리가 자신을 제거할 음모를 꾸미고 있다는 말이 나돌자 목을 베도록 지시하기도 했다.

여왕 면전 방귀 잊으려 7년간 외유
아무리 떵떵거리는 권세가들도 여왕 앞에서는 설설 기었다. 당시 여왕은 절대 권력을 휘두르고 있었기 때문이다. 어느 날 옥스퍼드 백작Earl of Oxford이 엘리자베스 여왕을 알현하러 갔다. 그는 여왕이 가장 총애하는 신하였다. 하지만 불상사가 일어났다. 그가 여왕에게 절을 하기 위해 깊이 엎드리는 찰나 공교롭게도 방귀가 터져 나왔던 것이다!

"뽕!"

그는 여왕 앞에서 방귀를 뀌었다는 사실이 너무나 창피스러워 쥐구멍이라도 있으면 들어가고 싶은 심정이었다. 더구나 결혼도 하지 않은 독신 여왕 앞에서. 그는 너무나 창피한 나머지 곧 짐을 꾸려 해외 여행을 떠났다. 무려 7년간이나 해외를 전전하며 창피함을 잊으려 애썼다. 그가 귀국해 여왕을 알현했다. 방귀 사건을 이제는 잊었으려니 하는 마음으로. 그런데 여왕이 그의 얼굴을 보자마자 던진 첫마디는 이것이었다.

"맙소사, 그 방귀를 까맣게 잊고 있었군! My lord, I had quite forgotten the fart!"

여왕은 그의 얼굴을 보는 순간 그가 뀌었던 방귀를 다시 상기하게 됐던 것이다! 여왕이 방귀 사건을 잊도록 하겠다는 일념 하나로 버텨온 7년간의 외유가 완전 물거품으로 사라지는 순간이었다.

엘리자베스 통치 당시 토마스 그레샴이라는 사람이 있었다. '악화가 양화를 구축한다'는 이른바 '그레샴의 법칙'을 발견한 사람이다. 그는 런던 증권거래소 Royal Exchange를 창시한 영국 최고의 갑부이기도 했다. 하지만 그 역시 여왕 앞에서는 고양이 앞의 쥐였다. 어느 날 엘리자베스가 그레샴의 새 집에서 하룻밤을 묵게 됐다. 새 집에 들어서며 가볍게 한마디 했다.

"거 마당이 너무 넓은 거 같군. 가운데에 담을 만들어 놓으면 나아 보일 텐데…"

저녁 식사를 끝낸 엘리자베스가 잠자리에 들었다. 그런데 자고 일어나 보니 마당에 담장이 세워져 있는 것 아닌가?

"아니, 이게 웬일인고? 어제는 분명히 담이 없었지 않았소?"

"밤사이 담장을 지었습니다. 폐하를 기쁘게 해드리고자 밤사이 소리 내지 않고 벽을 쌓도록 했습니다."

엘리자베스의 입가에는 미소가 흘렀다. 그 뒤 그레샴이 여왕으로부터 더욱 총애를 받았음은 물론이다. 이처럼 옛날에는 왕이 무심코 던지는 말 한마디가 엄청난 효력을 발휘했던 것이다.

왕실에서 여왕을 시중드는 사람은 모두 120명. 이들은 늘 여왕 곁에 있었다. 여왕이 새벽 4시까지 파티를 즐기는 날은 그들도 밤을 꼬박 새워야 했다. 아침에 여왕이 일어나면 잿물(알칼리액)로 머리를 감기고, 여왕이 입을 벌리고 있으면 비누(물론 수제비누)와 아마포로 이를 문질러 닦아줬다. 비누로 이를 닦으니 이가 성할 리 없었다. 워낙 단것을 좋아하는 여왕은 젊어서부터 이가 거의 모두 썩어 빼낸 터라 닦아줄 이도 몇 개 되지 않았다. 세수를 끝내면 옷을 입혔다. 보통 여덟 겹이나 되는 많은 옷을 치렁치렁 걸치고 그 위에 왕의 위엄을 과시하기 위한 온갖 장신구까지 달았다. 여왕은 원래 깡마른 체형이었으므로 위풍이 당당하게 보이도록 하려면 옷을 많이 입는 게 유리하기도 했다. 하지만 문을 드나들 때는 거치적거려 불편하기 짝이 없었다. 따라서 문을 드나들 때마다 시녀들이 달려들어 옷자락을 들어줘야 했다.

계란 흰자로 곰보 얼굴 가려

당시의 풍습대로 여왕도 얼굴을 하얗게 칠했다. 납과 계란 흰자, 양귀비 씨 등을 섞어 만든 일종의 반죽이었다. 엘리자베스는 즉위한 지 4년쯤 지나 거의 죽을 뻔한 적이 있다. 얼굴에 발진과 딱지가 생기는 천연두에 걸렸던 것이다. 겨우 목숨은 건졌지만 얼굴 군데군데에 얽은 자국이 생겼다. 그때부터는 그걸 가리기 위해 매일 빠짐없이 얼굴에 더 많은 화장용 반죽을 칠하곤 했다. 그런데 이렇게 얼굴에 떡칠을 해 놓으니 웃기가 어려웠다. 만일 웃거나 입을 조금이라도 크게 벌리면 딱딱해진 계란 흰자 반죽에 쩍쩍 금이 갔기 때문이다. 약간 매부리코인데다 곰보 얼굴을 하얗게 칠해 놓으니 마치 외계인처럼 보일 수밖에.

"참, 이상한 여자야. 우리 여왕은."

"그러게 말야. 못생긴 얼굴에 그래도 왕이랍시고."

화장이 끝나고 여왕이 사라지면 시녀들이 모여 이렇게 낄낄거렸다. 몸에 해로운 독성 납 가루를 습관적으로 얼굴에 잔뜩 바르니 해가 없을 리 만무였다. 나이가 들면서 머리털이 많이 빠지기 시작했다. 납중독으로 수명도 꽤 단축됐을 것으로 보는 과학자들도 많다. 더구나 충치가 심해 이를

위엄을 갖추기 위해 입었던 의상

많이 뺀 뒤로는 공식석상에 일절 모습을 드러내지 않으려 했다. 어쩔 수 없이 참석해야 할 경우 입에 솜 덩어리를 넣어 얼굴 형태를 자연스럽게 유지했다. 그럴 경우 전혀 말을 하거나 웃을 수 없었음은 물론이다. 입만 뻥끗했다간 자칫 입 안에 든 솜 덩어리가 툭 튀어나와 바닥에 데굴데굴 굴러다닐 것이었으므로!

옷은 날개다. 그녀는 외모에 대한 열등감을 화려한 옷으로 만회하려 했다. 그녀가 죽을 때 옷장에는 모두 2,000벌이 넘는 옷들이 걸려 있었다. 그녀는 주름 깃ruff이 달린 옷을 만들어 낸 장본인이기도 했다. 주름깃 옷이 일반 백성들 사이에도 화제가 되면서 크게 유행하기 시작하자 그는 몹시 불쾌해졌다.
"내가 애써 고안해 낸 옷을 일반 백성들까지 입고 다니다니? 그런 무례한 짓이 어디 있단 말이오? 즉각 시정토록 하오."
영국 정부는 서둘러 새 법을 만들어 공포했다. 여왕 이외에는 주름깃 옷을 입지 못하도록 금지하는 법이었다.
하지만 아무리 옷을 잘 차려 입어도 한계가 있기 마련이다. 이가 거의 다 빠진데다 남은 이 한두 개마저 충치로 검게 변하고 탈모가 심해지자, 엘리자베스는 말년에 왕실에 있는 거울을 모두 치우도록 하는 왕실법령을 만들었다. 왕실 내에서도 늘 붉은색 가발을 쓰고 다녔다. 그녀는 결혼에 대한 생각도 완전히 버렸다. 그리고 국정에 전념했다. 그녀가 이렇게 국정에 전념한 덕분이었는지 그녀의 즉위 초 유럽에서 힘없고 가난한 섬나라로 꼽히던 영국은 그녀가 죽을 때쯤에는 유럽에서 가장 부강한 나라로 성장했다. 안으로는 공업을 보호, 육성하는 중상주의 정책을 채용하고, 밖으로도 동인도회사를 설립(1600년)하는 등 국가의 부를 키워나갔다. 스페인의 무적함대를 격파함으로써 해상왕국의 기초도 다졌다. 그녀가 영국 역사상 가장 위대한 왕으로 꼽히는 이유도 바로 이 때문이다.

그녀의 부지런함은 그가 쓴 일기, 연설, 기도문에 잘 나타나 있다. 그녀는 정치뿐 아니라 문학과 예술에도 관심이 많았다. 그녀가 음악과 연극, 시를 즐기고 장려함으로써 영국 국민문학의 황금시대가 열렸다. 셰익스피어, 스펜서, 베이컨 등 세계적인 문인과 학자들이 활약한 것도 이 시기이다. 그래서 우리는 그녀의 통치 기간을 영국의 르네상스라고 일컫기도 하는 것이다.

*엘리자베스 시대의 여성 화장품

16세기 당시 유럽에서는 피부가 흴수록 미인으로 꼽혔다. 그래서 특히 귀족 여성들 사이에는 피부를 표백하는 게 유행했다. 가장 흔히 쓰이는 피부 표백제는 계란 흰자, 계란껍질 가루, 양귀비 씨앗, 백색의 납, 붕사 borax, 명반alum 등을 섞어 만들었다. 이 때문에 납중독으로 사망하는 여성들이 많았을 것으로 과학자들은 보고 있다. 건강 체질이었던 엘리자베스 여왕의 경우도 납중독으로 수명이 단축됐을 것이란 관측이다. 얼굴을 하얗게 하기 위해 거머리를 이용하는 여성들도 많았다. 즉, 거머리를 귀 뒤에 붙여 놓고 피를 빨아먹도록 하면 얼굴이 창백해졌던 것이다!

*그레샴의 법칙

"악화가 양화를 구축한다. Bad money drives out good money."

옛날에는 원래 은화보다 금화가치가 더 높았다. 금값이 더 비싸니 당연했다. 즉, 금화나 은화의 가치는 화폐의 가치 그대로였다. 하지만 나중에 화폐가 갈수록 더 많이 통용되면서 금화나 은화의 구별없이 같은 가치를 갖는 화폐로 통용되도록 했다. 금화를 쓰든 은화를 쓰든 똑같은 물건을 살 수 있도록 했던 것이다. 그러자 사람들은 금화를 쓰지 않고 은화만 썼다. 값비싼 금화는 집에 모셔 놓고 쓰지 않았다. 그러니 그 흔하던 금화가 시장에서 사라져버릴 수밖에. 은화(악화)가 금화(양화)를 시장에서 쫓아내버린 것이다. 이게 바로 그레샴의 법칙이다. 새 돈보다 헌 돈이 시장에서 더 자주 사용되는 것도 마찬가지 이유다.

* 영국의 스페인 무적함대 격파

1588년 스페인의 필립 2세가 보낸 무적함대armada는 덩치가 크고 단단한 130척의 전함들로 구성돼 있었다. 반면 영국의 전함들은 작은 대신 빠르고 대포로 중무장했다. 스페인 함대가 항구에 정박하고 있는 사실을 알아낸 영국의 드레이크Francis Drake 제독은 야음을 틈타 화염선 수십 척을 보내 불을 지르도록 했다. 깜짝 놀란 스페인 함대가 대양을 향해 도망치려 했지만, 공교롭게도 잇달아 폭풍이 몰아닥쳐 절반이 침몰하고 말았다. 이로써 영국은 유럽의 해상주도권을 장악하게 됐고, 이는 수세기에 걸친 대영제국건설의 발판이 됐다.

02 에카테리나 대제

1729~1796.
표트르 황제와 더불어 러시아의 영토를 크게 확장시키고 유럽 강국으로 만든 여황제.

무능한 남편 죽이고 황제가 된 여걸

바보 황태자와 결혼할 줄이야

에카테리나(원래 이름은 소피)는 러시아 사람도 아니었다. 프로이센의 작은 공국의 공주로 권력욕이 많은 어머니의 손에 끌려 불과 14살 때 러시아 황실에 들어가게 됐다. 황태자의 신부감이 되기 위해서였다. 그들은 한 겨울이라 눈썰매를 타고 장장 한 달이나 걸려 엘리자베타 러시아 여제를 찾아갔다.

에카테리나

엘리자베타 여제는 결혼을 못해 후사가 없었고, 조카인 표트르를 황태자로 정해 놓고 있었다. 에카테리나는 표트르를 보고 무척이나 실망했다. 표트르는 잔병 치레가 많아 몸이 몹시 허약했고, 천연두를 앓아 얽은 자국 투성이었다. 병마에 시달려서인지 머리도 거의 다 빠져 있었다. 그녀는 그날 저녁 어머니를 붙잡고 울먹이며 말했다.

"저런 남자와는 결혼하기 싫어요. 곰보 얼굴에 벌써 대머리라니…."

"얘, 무슨 소리냐? 표트르는 러시아의 황제가 될 사람이야. 그럼 넌 황후가 되는 거고."

"황후가 되면 뭘 해요? 저런 저능아와 어떻게 살아요?"

표트르는 정말 저능아처럼 행동했다. 어른이 다 됐는데도 하루 종일 나무로 만든 군인 장난감을 갖고 놀았다. 장난감 군인들에게 호통을 치기도 하고, 나무 대포를 쏘게 하거나 나무 마차에 태워 끌고 다니기도 했다.

얼마 후 에카테리나의 어머니는 러시아를 떠나 프로이센으로 돌아갔다. 그녀는 16세가

표트르 황제

되자 표트르와 결혼식을 올렸다. 그로써 그녀는 러시아에서는 엘리자베타 여제에 이어 두 번째로 지위가 높은 여자가 된 것이다. 표트르는 황태자가 된 뒤에도 자나 깨나 나무 장난감이 최고의 친구였다. 거의 매일 장난감을 들고 와 함께 놀자고 강요했다. 그녀는 회고록에서 이렇게 적어 놓았다.

"표트르가 내 방에 들어왔다. 그는 왔다 갔다 하며 계속 장난감 병정놀이에 대해 끝도 없이 말을 늘어놓았다. 대꾸를 해주려면 잘 들어야 했다. 몇 시간씩이나 말도 안 되는 소리에 온 신경을 쏟고 적당히 말대꾸를 해주다 보면 난 녹초가 되고 말았다. 그가 방에서 나가고 나면 어찌나 후련한지, 아무리 지루한 책이라도 그보다는 몇백 배 나았다."

표트르는 장난감 병정놀이가 싫증나면 개들을 못살게 굴었다. 이 방 저 방으로 개들을 쫓아다니며 노는 것이었다. 개가 지쳐 머뭇거리면 회초리로 사정없이 내리쳤다. 어느 날 옆방에서 개들이 울부짖는 소리가 하도 애처로워 에카테리나가 문을 열고 들어가 애원했다.

"황태자 마마, 개가 비명을 지르고 있어요. 제발 그만 하십시오."

"이따위 개가 뭘 불쌍하다고 그래?"

표트르는 화를 내며 오히려 회초리를 더욱 거세게 내리쳤다. 에카테리나는 울음을 터뜨리며 자신의 방으로 돌아오고 말았다.

표트르는 외국의 외교관들과 정부고관들이 많이 모이는 행사장에서도 버릇없이 행동했다. 외교관들이 머리 숙여 인사하면 얼굴을 찡그리며 쳐다보거나 혀를 쭉 내밀어 보이기도 했다. 조용히 해야 할 곳에서 갑자기 큰 소리로 떠들어대기도 했다. 외교적 망신을 우려한 황실이 황태자 가정교사에게 써놓은 비망록은 지금도 박물관 기록으로 남아 있다.

〈러시아 황실 비망록〉
 * 황태자 가정교사가 주지해야 할 사항
 - 표트르 황태자가 남들을 째려보거나 큰 소리로 떠들지 못하도록 교육시킬 것.
 - 식사할 때 식탁에서 시중드는 하인들 머리에 포도주를 붓지 못하도록 할 것.

점점 쇠약해져 가는 엘리자베타 여제가 더 걱정하는 것은 후사 문제였다. 눈을 감기 전 표트르 황태자가 빨리 아이를 낳

앉으면 하고 속을 태우고 있었다. 하지만 벌써 25세가 된 표트르는 침실에 들어가서도 장난감 병정놀이에만 열중할 뿐이었다. 참다 못한 엘리자베타 여제는 꾀를 냈다. 시녀들에게 표트르를 목욕시키면서 몸에 뭔가 이상이 없는지 알아보도록 지시한 것이다. 이 소식을 전해 들은 표트르는 펄펄 뛰었다.

"난 목욕 절대 못해!"

"마마. 황제 마마의 분부십니다. 만약 어기시면 감옥에 가셔야 해요."

"난 아이가 아니란 말이야!"

표트르는 분노와 울음을 한꺼번에 터뜨렸다. 평생 목욕이란 단 한 번도 해 본 적이 없는 그였다. 그는 목욕은 건강에 나쁘다고 믿었고, 치명적일 수도 있다고 생각했다. 그가 하도 펄펄 날뛰니 엘리자베타 여제도 두 손을 들 수밖에 없었다. 황태자 부부는 사실상 남남처럼 지내고 있었다.

바보와 바보는 찰떡궁합?

그녀는 결혼한 지 8년이나 지났는데도 아이가 없었다. 그 사이 표트르는 부수상의 딸인 보론초바 공주와 사귀기 시작했다. 그녀는 첫눈에 그녀에게 반한 건 아니지만 사귀면서 점점 빠져들었다. 미모가 뛰어나서가 아니었다. 자신보다 더 못난 바보였던 것이다! 그녀는 약간 사팔뜨기 눈에 다리를 절룩거렸고, 표트르처럼 천연두를 앓아 곰보 얼굴이었다. 툭하면 술에 취하기 일쑤고, 술 취하면 꽥꽥 소리지르다 아무 데서나 쓰러져 자곤 했다. 책을 읽어 본 적도 없었다. 표트르는 그런 그녀를 보고 넋이 나갔다. 자신처럼 못생기고 무식하고, 욕 잘하고, 아무 데서나 고함을 질러 대는 사람이 또 있다니! 그런 천생배필이 어디 있단 말인가?

그는 보론초바 공주의 무식함과 어리석음을 대하고 있노라면 절로 흥이 났다. 그는 그녀와 공개적으로 붙어서 지냈다. 모든 공식행사에는 황태자비인 에카테리나 대신 그녀가 따라다녔다. 어느 파티에서 에카테리나가 표트르로부터 잔인하게 면박을 당한 적이 있었다. 그녀가 창가로 뛰어가 눈물을 흘리고 있을 때였다. 문 밖에 서 있던 황실 의전관 살투이코프와 눈이 마주쳤다. 그는 황태자비가 번번이 무시당하는 걸 알고, 점점 그녀에게 접근해 왔다. 얼마 뒤 그들도 사랑하는 사이가 되고 말았다.

시름시름 앓던 엘리자베타 여제가 마침내 세상을 떠났다.

황제가 된 표트르는 마냥 싱글벙글이었다. 이제 뭐든지 마음대로 할 수 있으니 말이었다. 나무 장난감 군인들로 병정놀이를 하던 그는 이제 실제 군인들을 장난감으로 삼았다. 그는 병사들이 훈련받는 광경을 몹시 재미있게 생각했다. 그래서 하루 종일 병사들로 하여금 제식훈련을 하거나, 이리 뛰고 저리 뛰게 했다. 그러다가 병사들이 대포를 발사하는 걸 구경한 뒤로는 시도 때도 없이 대포를 쏘아 올리게 했다. 이유는 단 하나, 대포 소리가 멋지다는 생각 때문이었다. 이 때문에 페테르브르크 시민들은 이른 아침부터 밤늦게까지 펑펑 쏘아대는 대포 소리에 시달려야 했다. 시민들의 원성이 자자했다. 하지만 표트르 황제는 한 술 더 떴다. 대포 100문을 동시에 쏘아 보라는 것이었다.

"이봐. 저게 제일 큰 대포야?"

"네, 그렇습니다, 폐하."

"좋아. 그럼 저 제일 큰 대포 100개를 한 번 동시에 쏘아 봐. 굉장한 대포소리가 나겠지?"

"폐하, 대포 단 한 발만 쏘아도 도시 전체가 진동합니다. 대포 100대를 한꺼번에 발사하면 시내 건물들이 모두 폭삭 무너져 내릴 것입니다."

그제야 겨우 황제는 고집을 꺾었다.

표트르는 황제에 즉위하자마자 즉각 프로이센의 왕 프리드리히 2세에게 서한을 보냈다. 그동안 러시아가 프로이센과의 7년 전쟁(1756~1762)에서 빼앗은 모든 땅을 아무 조건 없이 그냥 되돌려 주겠다는 것이었다. 러시아 병사들이 흘린 피의 대가를 단숨에 모두 헛되이 날려버리는 조치였다. 그런가 하면 러시아 병사들에게 적국인 프로이센 군복을 모방해 만든 군복을 입도록 하고 훈련방식도 프로이센 식으로 바꾸도록 지시했다. 그것도 부족해 프로이센 왕의 얼굴이 새겨진 반지까지 늘 끼고 다녔다.

러시아 황제인 그가 러시아의 국익을 이처럼 철저히 저버렸던 까닭은 무엇일까? 프리드리히 왕은 표트르의 우상이었다. 표트르의 어머니는 표트르 대제의 딸이었지만, 아버지는 프로이센 귀

에카테리나

족 출신이었다. 표트르는 어린 시절을 프로이센에서 보냈다. 자신이 우상으로 우러러보는 프리드리히 왕에게 무조건 고개를 숙이려 들었다. 러시아의 국익은 안중에도 없었다.

그뿐인가? 러시아의 국교는 러시아 정교였다. 그런데도 그는 지금까지의 전통을 완전히 무시한 채 황궁 내에 개신교 교회를 새로 지었다. 또 러시아 정교 사제들이 전통적으로 길러온 수염을 일제히 깎으라는 칙령도 내렸다. 러시아 군과 사제들은 눈이 뒤집힐 지경이었다. 그는 이렇게 심사를 뒤틀어 놓고는 난데없이 덴마크 침공 계획을 발표하기도 했다.

쿠데타를 일으키다

표트르 황제는 노골적으로 보론초바 공주를 사실상의 아내로 대했다. 그가 곧 에카테리나를 죽이고 보론초바를 황후로 앉히려 한다는 소문도 나돌았다.

1762년 여름 어느 날, 표트르는 보론초바와 가장 예쁜 귀족 부인들만을 골라 여름 별장으로 떠났다. 그곳에서 파티가 끝나면 곧 덴마크 공격 명령을 내린다는 계획이었다. 그날 에카테리나는 무엇을 하고 있었을까? 그녀는 또 다른 여름 별장에서 잠을 자고 있었다. 그런데 이른 아침 침실 옆 창문으로 한 괴한이 침실에 뛰어들었다.

쉿, 조용히 하십시오! 지금부터 재빨리 움직여야 합니다
알렉시스 올로프 대위였다. 그녀의 정부인 그레고리 올로프 대위의 동생이었다. 올로프 5형제는 모두 황실근위대 장교였다. 그는 나지막한 목소리로 그녀에게 행동 지침을 알려 주고는 얼른 창문을 넘어 뛰어나갔다. 그녀도 상기된 표정으로 순식간에 간단한 검정색 옷으로 갈아입고는 역시 옆 창문을 넘어 빠져나갔다. 마차를 타고 가다보니 도로에 또 다른 마차가 대기하고 있었다. 아침 8시, 그들은 황실근위대 본부에 도착했다. 연병장에는 이미 병사들이 도열해 있었다. 에카테리나는 병사들 앞에 섰다. 겨우 150cm에 불과한 체구가 가늘게 떨렸다.

"여러분이 날 보호해 주세요. 황제가 황후인 날 체포하라는 명령을 내렸어요. 날 죽이려 해요."

더 이상 말할 필요도 없었다. 병사들이 와락 달려들어 그녀의 손과 옷자락에 키스를 했다. 근위대의 러시아 정교 사제도 십자가를 들고 다가와 충성을 서약했다. 마지막으로 근위대장이 다가와 그녀 앞에 무릎을 꿇었다.

"마마, 저희 황실근위대는 황후마마께 목숨을 바치겠습니다!"

황실근위대의 드럼 소리가 힘차게 울려 퍼졌다. 그들은 드럼 소리에 맞춰 카잔 성당으로 진군했다. 성당에 들어서니 중앙의 긴 통로에는 러시아 정교 사제들이 도열해 있었다. 그녀는 통로를 따라 맨 끝까지 걸어가 사제 앞에서 러시아 유일의 황제 자리에 올랐음을 선서했다. 그녀의 나이 33세 때였다. 벨 소리가 요란하게 울려 퍼지는 가운데 성당을 나섰다. 이번에 향하는 곳은 겨울 궁전. 그곳에는 러시아 귀족들이 모여 있었다. 그들은 모두 새 황제에 대한 충성을 서약했다. 그날 밤 황제의 칙서가 인쇄돼 거리에 살포됐다.

"지금 러시아는 두 가지 큰 위험에 직면해 있다. 첫째, 러시아 국교인 그리스정교가 뿌리째 흔들리고 있다. 둘째, 러시아 병사들이 엄청난 피를 흘려 차지한 땅들을 프로이센과의 어처구니없는 평화조약으로 다시 모두 빼앗기게 되었다. 이에 나 에카테리나 2세는 이런 위험으로부터 러시아를 구하기 위해 황제의 자리에 오르노라."

표트르 황제는 에카테리나가 새 황제가 됐다는 소식을 듣자 얼굴이 백지장처럼 창백해졌다. 숨을 할딱거리더니 갑자기 흐느껴 울기 시작했다.

"흑, 흑, 흐흐흑…."

"폐하! 용기를 내십시오! 눈을 부릅뜨고 황제답게 딱 한 마디만 하십시오! 황제 앞에 누구나 무릎을 꿇을 것입니다!"

당시 황제를 수행하고 있던 러시아 수상 보론토프가 보다 못해 던진 말이었다. 하지만 표트르는 새 황제와 맞설 용기가 나지 않았다. 실성한 강아지처럼 이리저리 마구 뛰어다니더니 정신을 잃고 쓰러졌다. 측근들이 찬물을 끼얹자 정신을 차렸다. 정신이 드니 술을 찾았다. 술이 취한 채 비틀거리며 또 흐느끼기 시작했다. 결국 그들은 크론스타트로 가기로 했다. 그곳에는 덴마크를 침공할 러시아 군이 모여 있었다. 하지만 도착해 보니 그곳 병사들도 이미 에카테리나에게 충성을 다짐해 놓고 있었다. 어쩔 수 없이 페테르부르크로 향했다. 도착하니 새 황제의 사자가 이미 기다리고 있었다.

"표트르, 하야문서에 서명하시오."

표트르는 덜덜 떨며 하야문서에 서명했다. 서명하자마자 로프샤의 여름 별장에 갇혀 지내게 됐다. 그는 얼마 뒤 에카테리나 여제에게 탄원서를 올렸다.

"황제폐하, 제발 제 방에 장교들이 함께 머물지 않도록 해주시옵소서. 용변을 보고 싶어도 장교들이 있어서 용변 보기가 도저히 불가능하옵나이다."

하지만 6일 후 표트르는 피살되고 말았다. 황실근위대와 말싸움 끝에 독살됐다는 소문이 퍼졌다.

위대한 황제 에카테리나 여제

유럽의 다른 왕들은 에카테리나 황제가 오래 가지 못할 것이라고 내다봤다. 러시아 피가 단 한 방울도 섞이지 않은 프로이센 여자가 표트르 대제의 손자를 죽이다니? 하지만 그녀는 이런 예상을 송두리째 깨버렸다. 그녀는 황제가 된 바로 이튿날 여름 궁전에서 첫 상원회의를 소집했다. 이 자리에서 재정과 사회 전반의 상황을 보고 받고 놀란 입을 다물지 못했다.

"전함들은 바다에서 썩어 가고 있고, 요새란 요새는 다 허물어져 가고 있다니… 그럼 나라 예산은 어떻소?"

"1,700,000루블 적자입니다."

"러시아의 인구는 얼마나 되고 도시가 몇 개나 되오?"

"그런 조사는 아직 해본 적이 없습니다."

"어디 러시아 지도를 보면서 얘기해 봅시다."

"저, 쓸만한 지도가 없어서…."

한심한 일이었다. 한 나라의 살림살이를 논의하는 상원에 쓸 만한 지도 한 장도 없었다. 에카테리나는 지갑을 열더니 시종을 불러 학술원에 뛰어가 최신 지도를 사오도록 했다. 그때부터 그녀는 국정에 매달렸다. 러시아의 인구를 정확하게 파악하고 새 지도를 작성토록 했다. 그때까지만 해도 러시아는 다른 유럽 국가들과 비교해 무척 낙후되고 무지했다. 유럽에서 가장 가난한 나라였다. 농업을 일으켜 농민들이 먹고살도록 하는 일이 급선무였다. 그래서 영국에 사람들을 보내 최신 농기구를 수입하도록 하는 한편, 양과 소를 대량 사육하는 기술도 배워오도록 했다. 인구가 부족한 지역에는 외국인들이 정착해 농지를 개척하며 살 수 있도록 독일 신문에 광고를 냈다. 페테르부르크에는 러시아 최초의 광산학교도 설립했다. 영국에 기술자들을 보내 새로 개발된 전함건조법과 의료, 과학기술을 습득해 오

에카테리나 대제가 착용했던 금목걸이

도록 했다.

그녀는 새벽 일찍 일어나 밤늦게까지 일에 몰두했다. 그렇게 흘린 땀은 서서히 결실을 맺어갔다. 그녀의 재위기간 중 984개에 불과하던 공장은 3,161개로 불어났다. 1786년에는 모든 도시에 학교설립을 의무화했고, 러시아 최초의 의과대학과 여자학교도 세웠다. 피터 대제는 군병원을 처음으로 세웠지만, 그녀는 민간인 병원을 최초로 설립했다. 천연두로 인한 어린이 사망을 줄이기 위해 스코틀랜드의 의사를 초빙해 자신이 직접 러시아에서는 처음으로 천연두 예방 백신주사도 맞았다.

에카테리나 대제는 러시아의 영토도 크게 넓혔다. 남쪽으로는 오스만 제국과 전쟁을 벌여 흑해 북안의 크림 반도를 합병했고, 서쪽으로는 백러시아와 우크라이나를 차지했다. 또 프로이센, 오스트리아와 함께 폴란드를 분할해 합병해버렸다. 러시아가 동유럽 큰 지역을 차지하면서 러시아도 이제 진정한 유럽 국가로 대우받기 시작했다. 인구도 배로 늘어났다. 그녀가 표트르 대제와 함께 러시아를 유럽의 강국으로 만든 최고의 황제로 꼽히는 것도 바로 이런 업적 때문이다. 그녀는 67세 때 화장실에서 뇌졸중으로 쓰러져 숨졌다.

그녀는 정말 음탕한 황제였나?

그녀가 죽은 뒤 프랑스 작가들은 그녀를 음탕한 여제로 몰아붙였다. 허무맹랑한 소문을 담은 많은 책들이 쏟아져 나왔다. 하지만 당시 프랑스와 러시아는 적대관계였다. 다분히 악의적인 소문들이 대부분이었다. 물론 아니 땐 굴뚝에서 연기가 날 리는 없다. 다만 사생활 문제를 접어 두면 그녀가 러시아 황제로서 이룩한 눈부신 업적은 누구도 부인할 수 없다.

그녀는 죽기 전까지 12~20명에 달하는 남자들과 각기 짧게는 2년, 길게는 12년까지 애정관계를 맺었다. 그녀는 대개 지적이면서 젊은 남자들을 골라 자신의 월등한 학식과 식견을 바탕으로 정치적으로도 교육시킨다고 생각했다. 애정관계가 끝나면 멋진 궁전과 벼슬을 줘서 편안하게 살도록 했으며, 여자가 생겨 원하고자 할 때는 언제든지 떠나도록 허락했다. 애정관계에서 생긴 아이들이나 손자들은 정성껏 돌봐 주었다.

그녀가 낳은 첫아들은 첫 애인인 황실 의전관 살투이코프의 아이일 가능성이 거의 확실하다. 표트르 황제가 간단한 외과 수술을 받아 생식기능을 갖기 전 그녀는 이미 임신해 있었기 때문이다. 둘째 아이인 딸은 포니아토프스키 백작과의 사이에 낳았지만 두 살 때 숨졌다. 셋째로 낳은 아들의 아버지는 쿠데타의 주역인 그레고리 올로프 대위였다. 이처럼 그녀가 낳은 세 아이 모두 아버지가 달랐다.

그녀를 거쳐간 남자들 중 가장 큰 영향력을 행사했던 남자는 단연 그레고리 포템킨이었다. 쿠데타 당시 황실 기마 경비대 병참장교였던 그는 후에 군대를 이끌고 크림 반도 정복 등에 혁혁한 공을 세웠다. 당시 러시아에서 가장 막강한 남자이기도 했다.

에카트테리나 대제는 몇 년간 함께 지내던 남자를 충분히 지적으로나 성적으로 교육시켰다고 판단하면 다른 교육대상자를 물색하곤 했다. 정치와 사생활을 연결시키지 않기 위해서이기도 했다. 포템킨은 그녀가 12년간 지속된 애정관계를 끊어버리려 하자 꾀를 냈다. 그녀와 함께 지낼 남자를 엄정히 골라 공급하는 역할을 자임하고 나선 것이었다. 황제와의 관계가 완전히 단절되면 자신은 아무 영향력 없는 퇴물로 전락할 것을 우려한 아이디어였다. 즉, 황제의 남자 공급책 역할이라도 맡아 황제 곁에서 여전히 막강한 영향력을 행사할 수 있는 거물로 행세하고 싶었던 것이다. 실제로 황제와 함께 지낸 포템킨 이후의 남자는 모두 포템킨이 엄선한 남자들이었고,

포템킨은 러시아 정계의 막후 실력자로서 나는 새로 떨어뜨리는 권세가로 떵떵거리며 살 수 있었다!

03 빅토리아 여왕

1819~1901.
영국 왕실 사상 가장 긴 64년간(1837~1901)의 통치.
의회제도와 자본주의를 정착시키고, 산업혁명을 완수. 세계 최강의 나라를 건설함.

해가 지지 않는 나라를 건설한 철의 여왕

여왕 첫 업무는 남편감 인터뷰

1837년 18세에 왕위에 오른 빅토리아가 해야 될 가장 큰 일은 남편감을 찾는 것. 당시 세계 최강대국 대영제국의 여왕인지라 감히 청혼하는 남자들이 없었다. 그래서 빅토리아 여왕이 유럽 여러 나라의 왕자들을 차례로 불러들여 면접시험을 봤다. 그러나 썩 마음에 드는 사람은 없었다(사실은 결혼할 생각이 없었던 것).

하지만 왕실과 정부 사람들은 후계자를 보기 위해서라도 반드시 결혼을 해야 한다고 성화였다. 그래서 몇 년 뒤 독일의 앨버트 왕자를 다시 만났다. 전에 눈여겨 본 왕자들 가운데 그나마 가장 괜찮다고 점찍어 둔 사람이었다. 결혼할 마음을 먹고 보니 미남인 그가 이번에는 마음에 쏙 들었다. 그는 그녀의 사촌이기도 했다.

1840년 빅토리아 여왕과 결혼한 앨버트 왕자는 너무나도 우울한 나날을 보냈다. 여왕의 외모 때문만은 아니었다(그녀는 못생긴 편이었다). 외국인을 싫어하는 영국의회가 뚜렷한 역할을 주려 하지 않았기 때문이었다. 그의 책상은 형식상으로는 여왕 책상과 나란히 배치돼 있었다.

하지만 겨우 한다는 게 여왕이 정부문서에 서명하면 압지(잉크가 종이에 번지지 않도록 눌러서 잉크를 빨아들이는 종이)를 들고 있다가 꾹 눌러 주는 일이 고작이었다.

"여보, 오늘도 사인할 문서가 많구려. 압지를 좀 더 빨리 눌러 줘요."

"알겠소, 부인. 근데 난 언제까지 이런 일만 해야 하오?"

특히 빅토리아 여왕보다 훨씬 교육을 잘 받고 지적수준이 높았던 그로서는 몹시 스트레스가 쌓였다. 게다가 매일 아침 여왕이 일어나기 전에 일어나 모든 서류를 훑어보고, 내용을 요약해 메모해 두는 일도 앨버트의 몫이었다.

여왕이 폭발하면 남편은 피신

다혈질적이고 즉흥적인 여왕과 섬세하고 자상한 남편. 이렇게 성격이 대조적이다 보니 결혼 초기에는 티격태격 다투는 일도 많았다. 아이들에 대한 사랑이 지극했던 앨버트는 어느 날 왕실 의사들이 시름시름 앓는 맏딸 비키를 함부로 다루는 걸 보고 격분했다. 그리고 즉각 부인에게 메모를 남겼다.

"난 이제 아이문제에 더 이상 관여 않겠소! 알아서 하구료! 만일 저러다가 아이가 죽으면 당신의 양심에 평생 짐이 될 거요!"

여왕은 앨버트의 반응에 깜짝 놀라 바로 사과하고 그의 불만을 시정했다. 여왕부부의 부부싸움은 마치 판에 박힌 듯 늘 비슷하게 시작되고 끝났다. 싸움을 일으키는 쪽은 예외 없이 성미 괄괄한 여왕이었다. 여왕이 폭발해 싸움이 불붙으면 앨버트는 좀 역공을 가하는 듯하다가 서재로 피했다. 그런다고 그냥 내버려 둘 여왕이 아니었다. 기어코 서재까지 따라가 쉴 틈 없이 말을 쏘아붙였다. 그럼 참고 있던 앨버트가 마침내 소리를 버럭 질렀다.

빅토리아 여왕의 남편인 앨버트 왕자

"알았소! 그만하오! 다 당신 마음대로 하시오! 당신이 왕이니까!"

여왕의 분기가 가실 때쯤 앨버트가 질러대는 이

말 한마디로 여왕은 의외로 금세 풀이 죽곤 했다. 온갖 사과의 말을 쏟아 내며 다시는 그러지 않겠다고 빌었다.

여왕이 임신하면서 부부싸움은 눈에 띄게 줄었다. 몸이 불편한 여왕은 점점 앨버트에게 의존하게 됐고, 앨버트의 탁월한 식견과 지적능력을 존경하고 따르게 됐다. 앨버트는 아무리 복잡한 정부문서나 사안이라도 쉽게 이해해 여왕에게 설명해 줄 수 있었다. 아이를 낳은 뒤에도 앨버트가 중요사안에 대한 초안을 써 주면 대개 그대로 받아들였다. 그렇다고 남편의 필체로 쓴 것을 그대로 정부기관에 내보낼 수는 없었으므로 여왕이 자신의 필체로 똑같이 베껴 내보내곤 했다.

빅토리아 여왕은 미식가이자 대식가였다. 빨리 먹는데다 자주 먹었다. 그래서 나이 들면서 3중턱, 4중턱이 발달했다. 우유 대신 위스키를 즐겨 마시는 습관도 있었다. 겉으론 근엄해 보였지만 뜨개질로 남편은 물론 그 많은 손자들에게 일일이 조끼를 만들어 입히기도 했다. 당시 영국 왕실 내에서는 주로 독일어를 사용했다. 왕족들이 독일 하노버 가문 출신들이었기 때문이다. 앨버트도 영어보다는 독일어를 더 편하게 느꼈다.

죽은 남편 손 만들어 침대에 놓고 자

1861년 앨버트는 42세의 젊은 나이로 세상을 떠났다. 위암이 사망 원인이었을 것이란 설이 가장 유력하다. 게다가 사망하기 며칠 전 차가운 빗속에 큰아들을 꾸짖으러 밖에 나갔다가 폐렴에 걸렸다. 아들이 사창가를 방문해 물의를 빚었기 때문이었다. 의학이 발달되지 않았던 때라 의사들은 앨버트에게 약 대신 브랜디를 처방했다. 결국 브랜디를 마시며 세상을 떠났다(술이 잔뜩 취한 채로).

여왕은 걷잡을 수 없는 슬픔에 잠겼다. 그래서 남편이 쓰던 방을 정리하지 않고 평생 그대로 보존토록 했다. 침대에는 석고로 그의 손 모양을 본떠 만들어 비치했고, 그의 사진을 목걸이에 걸고 다니며 보곤 했다. 왕궁 내에서는 모든 웃음과 오락이 금지됐다. 그녀는 여생을 검정색 옷을 입은 채 남편의 죽음을 애도하며 지냈다. 빅토리아 여왕시대를 상징하는 엄격한 사회적 규범, 성적인 절제, 강한 가족관, 신앙생활 등은 이렇게 해서 비롯된 것이기도 하다.

더 큰 문제는 국사를 돌보는 일이었다. 하도 오랫동안 남편의 조언에 의존해 왔던 터라 뭘 어떻게 해야 할지 안절부절못했다. 몇 년 동안 남편을 애도한다며 의전적인 역할마저도 기피하며 지냈다.

하지만 기력을 회복한 뒤로는 다시 일에 전념했다. 82세의 나이에 뇌졸중으로 사망하기 며칠 전까지도 나라 일을 직접 챙겼다. 그녀의 통치기간 중 18세기 중반에 시작된 산업혁명이 절정에 달해 영국은 세계에서 가장 부강한 나라가 됐다. 또 대외적으로는 이집트, 수단, 수에즈 운하를 장악하고, 인도, 캐나다, 뉴질랜드, 오스트레일리아, 남아프리카 등을 식민지로 삼았다. 이처럼 5대양 6대주에 걸쳐 지구의 1/4을 차지할 만큼 번영을 구가해 '영원히 해가 지지 않는 나라'로 불렸다.

* 유럽 왕실을 점령한 빅토리아 여왕의 후손들

빅토리아 여왕은 9명의 자녀들 낳았다. 맏딸은 독일 황제 빌헬름 1세와 결혼해 1차 세계대전을 일으킨 빌헬름 2세를 낳았다. 맏아들은 빅토리아 여왕이 죽자 뒤를 이어 영국 왕(에드워드 7세)이 됐다. 다른 아들딸들도 유럽 각국의 왕족과 모두 혈연을 맺었다. 영국이 오랫동안 전쟁을 피할 수 있었던 이유이기도 했다. 왕족들은 국적을 불문하고 왕족끼리만 결혼한다는 전통 때문에 사촌들 간에 결혼하는 경우도 많았다. 빅토리아 여왕 부부도 친사촌 사이였다. 오늘날 유럽의 왕족들은 거의 모두 빅토리아의 후손인 셈이다.

* 빅토리아 왕가의 비극 혈우병

정상적인 사람들은 다쳐서 피가 나면 피가 엉겨붙어 멈춘다. 하지만 혈우병 환자들은 피가 잘 멈추지 않는다. 혈우병을 일으키는 여성들이 갖고 있다가 아들들에게 물려준다. 딸이 혈우병을 앓는 경우는 극히 드물다. 빅토리아 여왕도 혈우병 유전자를 지니고 있었다. 그의 자녀 9명 중 맏딸과 맏아들은 정상이었다. 하지만 셋째와 아홉째가 혈우병 유전자를 보유하고 있었고, 여덟째인 레오폴드가 혈우병 환자였다. 그는 독일의 헬렌 공주와 결혼한 지 2년 만에 사망했다. 도박을 하다가 넘어져 머리를 다쳤는데 뇌의 피가 멈추지 않았던 것이다. 유럽 각국에 퍼진 후손들 가운데도 혈우병 환자가 많다.

너무나 미국적인 대통령들
미국의 대통령들

01 조지 워싱턴

1732~1799.
미국의 독립전쟁 때 대륙군 총사령관을 지낸 건국의 아버지. 초대 대통령(1789~1797)

틀니 발전에 공헌한 충치 대장

취임할 때 성한 이는 단 한 개

조지 워싱턴은 웃는 적이 거의 없었다. 틀니를 끼고 살았기 때문이다. 현대의술로 보면 정말 엉성하기 짝이 없는 틀니였다. 그가 가장 많이 끼던 틀니의 윗니는 큼지막한 하마의 앞니를 깎아 만든 것이었고, 아랫니는 죽은 사람의 이를 뽑아 순금나사로 고정시켰다. 틀니의 상하운동을 위해 어금니 끝부분에 나선형의 용수철을 연결했다. 용수철은 납땜을 이용해 틀니에 고정시켰다. 이런 투박한 틀니를 끼고 음식을 씹다 보면 삐걱삐걱 소리가 요란하게 나기도 하고 튕겨 나오는 경우도 더러 있었다. 틀니는 그의 인상에도 심한 영향을 끼쳤다. 입 주위가 늘 부어오른 듯 보였다. 1795년 렘브란트 필이 그린 그의 초상화에서도 입이 부풀어오른 것처럼 보인다.

1789년 조지 워싱턴이 대통령 취임 당시 성한 이는 단 한 개뿐. 22세 때부터 충치에 시달려 매년 평균 한 개씩 뽑아냈으니 그럴 수밖에 없었다. 일국의 대통령인지라 그는 그나마 당

시 미국에서 가장 용하다는 치과 의사가 만들어 준 틀니를 끼고 있었다. 대통령이 되기

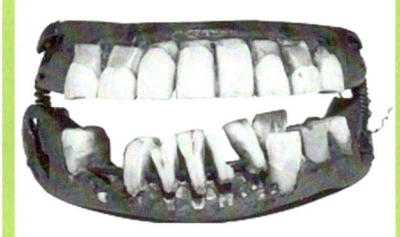

워싱턴의 의치

전에도 의치를 끼고 있긴 했지만, 몇 개 안 남은 자연 치에 의치를 연결시켜 끼고 있었을 뿐이었다. 1772년 필라델피아의 한 치과 의사는 그의 충치 서너 개를 한꺼번에 왕창 뽑아내고 부분적인 틀니를 만들어 주기도 했다. 역시 하마의 앞니와 소 이빨을 손으로 깎아 만든 틀니였다.

하마나 소 이빨 틀니는 걸핏하면 부러지거나 망가졌다. 튼튼하고 통증이 없는 틀니를 찾는 일이 백악관 참모의 가장 중요한 업무 중 하나였다. 그는 대통령에 취임한 뒤인 1791년과 1795년, 1796년, 1797년 잇달아 새로운 틀니를 만들어 끼웠다. 그러다가 1798년 마지막으로 새 틀니를 끼우고 생활하다가 1799년 사망했다. 그가 사용하던 틀니들은 현재 메릴랜드 대학의 국립치과박물관 National Museum of Dentistry에 보관돼 있다.

입에 솜 넣고 공식 석상에

그는 사람을 대할 필요가 없는 저녁이나 휴일에는 틀니를 뺀 채 생활했다. 고통스러웠기 때문이다. 간혹 입에 솜을 집어넣고 공식 석상에 나설 때도 있었다. 물론 입을 열 필요가 전혀 없는 행사에 한해서였다. 솜을 잇몸에 끼어 넣고 다니면 볼 모양이 한결 살아났다. 초상화를 그릴 땐 입 안에 솜을 무는 게 예사였다. 그렇게 하지 않으면 입술이 주저앉아 인상이 망가지기 때문이다.

워싱턴은 죽을 때까지 치아 때문에 골치를 앓았다. 이가 모두 빠져 연설을 하는 데도 결정적인 영향을 끼쳤다. 재선 된 후 제2기 취임연설을 포기한 것도 이런 속사정 때문이었다. 말하는 것뿐 아니라 음식을 먹는 것, 외교사절을 만나 미소를 짓는 것도 불편했다. 말년에 그는 주로 말랑말랑한 음식만 먹어야 했다.

1781년 조지 워싱턴이 쓴 편지

위싱턴이 젊은 나이에 심한 충치에 시달린 건 치아관리가 소홀했기 때문이 아니다. 그는 매일 가루 치약으로 이를 닦고 목구멍까지 양치질을 했다. 워싱턴 교외 마운트 버넌Mt. Vernon 생가에는 평소 그가 쓰던 은제 칫솔과 가루치약 통, 혓바닥을 긁어내는 도구tongue scraper가 전시돼 있다.

그런데도 그가 충치에 시달린 이유는? 당시 치약은 속돌(경석, pumice), 붕사borax, 나무뿌리, 약초, 심지어 태운 빵가루와 담배 등을 섞어 만든 것이었다. 대부분 치아의 맨 바깥층인 법랑질을 부식시키기 십상이었다.

1781년 워싱턴이 치과 의사에게 쓴 이 편지는 틀니 세척용 도구를 빨리 보내 달라는 내용이다. 하지만 이 편지가 치과 의사에게 전달되기 전 영국군에게 압수됐다. 영국군은 아마도 이 편지를 보고 워싱턴의 위치를 파악할 수 있었지 않았나 분석되고 있다.

영국군을 충치처럼 괴롭혀라!

충치와 끊임없는 통증, 잇몸질환, 잘 맞지 않는 틀니. 워싱턴의 신경질적인 성미는 충치의 후유증이었다. 틀니를 관리하는 데 필요한 펜치와 치아를 가는 데 쓰는 줄, 의치용 칫솔 등을 구하기 위해서도 치과 의사들과 끊임없이 서신을 주고받아야 했다. 의사에게 사람을 보내 서신을 전달한 뒤, 의사가 손으로 틀니를 만들기까지 기다렸다가 다시 사람을 보내 이를 가져가려면 때로는 몇 달씩 걸리기도 했다. 이는 쑤시고, 정말 짜증나는 일이 아닐 수 없었다.

이런 불편을 무릅쓰고 대륙군 총사령관으로서 미국의 독립 전쟁을 승리로 이끌었다는 것은 그가 얼마나 강력한 뚝심의 소유자였는지를 웅변해 준다. 1776년 7월 4일 미국이 독립을 선포할 당시만 해도 대륙군이 영국과 맞서 싸운다는 건 불가능해

요크타운 전투

보였다.

하지만 1777년 10월 17일 뉴욕 북부 사라토가 전투의 대승은 전환점이 됐다. 이 승리가 알려지면서 프랑스 군이 미국 편에 참전하고, 1779년부터는 스페인과 네덜란드도 지원에 나섰다. 1781년, 버지니아의 요크 타운 전투에서 워싱턴은 지상과 해상에 흩어져 있는 대륙군 부대들을 교묘히 움직여 마침내 영국군의 항복을 이끌어 냈다.

요크 타운 전투에서 패배한 영국은 사실상 모든 전투를 포기했다. 1783년, 영국은 파리강화조약을 맺고 미시시피 강 동쪽의 13개 주를 독립국으로 인정하게 됐고, 미국은 그때부터 1776년 7월 4일을 독립기념일로 정해 놓고 있다.

워싱턴은 당시 세계 최강이었던 영국군과 정면으로 승부를 걸기보다는 게릴라식 전법으로 끊임없이 시달리게 하는 전략을 택했다. 평생 충치에 시달려 온 그는 끊임없는 집적거림이 얼마나 기운을 빠지게 하는지 익히 깨닫고 있었던 것이다!

＊피 많이 뽑아 죽은 워싱턴

1799년 그는 심한 진눈깨비와 비가 쏟아지는데도 평소 습관대로 승마를 하고 돌아왔다. 다음 날 아침 심한 목감기로 호흡마저 불가능할 정도였다. 그러자 세 명의 의사들이 서너 차례에 걸쳐 많은 피를 뽑아냈다. 중세시대부터 유럽과 미국에서는 몸이 아프면 피를 뽑아야 치료가 된다고 여겼다. 피를 뽑으면 병을 일으키는 나쁜 독소도 제거된다고 믿었기 때문이다. 워싱턴의 경우 무려 2.5리터에 달하는 엄청난 양의 피를 뽑아냈다. 보통 사람의 몸에 든 혈액 절반에 해당하는 양이었다. 워싱턴은 목감기로 죽은 게 아니라 피를 무리하게 뽑아 죽였던 것이다(당시 많은 사람들이 무리한 출혈로 숨져 갔다).

＊손도끼로 벚나무를 쓰러뜨렸다?

조지 워싱턴을 소개하는 위인전마다 거의 공통적으로 실려 있는 유명한 '일화'가 있다. 그가 6세 때 선물로 손도끼를 받았는데, 어느 날 손도끼가 잘 드는지 실험하기 위해 아버지가 심어 놓은 벚나무를 찍어 쓰러뜨렸다는 것이다. 다음 날 아버지가 쓰러진 벚나무를 보고 어찌된 일이냐고 묻자, 어린 워싱턴은 잠시 고민하다 이렇게 대답한다. "전 거짓말을 할 줄 모릅니다. 제가 손도끼로 찍어 넘어뜨렸어요." 아버지는 아들의 정직성을 칭찬하며 껴안아 주었다.

이 '일화'는 전기작가였던 파슨 웜즈Parson Mason Weems가 꾸며낸 것이다. 그는 워싱턴의 정직함을 강조하기 위해 이 '일화'를 지어냈다고 한다. 미국인들도 그가 꾸며 낸 '일화'를 사실로 아는 경우가 많다.

*은화를 포토맥 강 건너까지 던지는 괴력을 지녔다?

워싱턴에 관한 또 다른 유명한 '일화'다. 그가 어릴 때 워싱턴 시를 가로지르는 포토맥 강가에서 은화를 힘껏 던졌는데, 맞은편 강둑에 떨어지더라는 것이다. 워싱턴은 괴력을 지닌 지도자라는 점을 강조하기 위해 만들어 낸 말이다. 포토맥 강은 폭이 1.6km가 넘어서 아무리 훌륭한 운동선수라도 그렇게 멀리 던질 재간이 없다. 더구나 그가 어릴 땐 미국에 은화가 없었다. 아마도 이 그릇된 '일화'는 그의 양손자가 쓴 글에서 기인한 것으로 보인다. 그는 워싱턴이 어린 시절에 살았던 프레데릭스버크 인근의 라파하노크Rappahannock 강가에서 작은 판때기를 집어던졌다고 쓴 적이 있다. 그 강은 개울에 불과한 것이라서 비실비실한 아이들도 충분히 건너편 강둑까지 돌멩이를 던지고도 남았다!

02 앤드루 잭슨

1767~1845.
미국의 제7대 대통령. 1815년 뉴올리언스 전투에서 영국군을 무찔러 영웅으로 떠오름.
결투로 상대방을 죽인 것으로 유명.

지고는 못 사는 싸움 대장

암살 공격을 받은 첫 대통령

1835년 잭슨이 대통령으로 재임하던 중 일어난 일이다. 국회 의사당에서 열린 한 하원의원의 장례식 참석 후 퇴장하려던 찰나에 한 괴한이 괴춤에서 권총 두 자루를 번개처럼 꺼내 들더니 잭슨에게 겨누었다. 불과 2m도 채 안 떨어진 거리라 미처 피할 겨를도 없었다.

"철컥! 철컥!"

1835년 암살기도 장면

기적적으로 권총 2정이 모두 불발이었다. 괴한은 권총 1정을 내동댕이치고 다른 1정에 급히 총알을 재장전했다. 평소 위풍당당하던 의원들과 보좌관들은 겁에 질린 채 안절부절못하거나 걸음아 날 살려라 도망쳤다.

"철컥!"

또 불발이었다. 67세의 백발이 성성한 노대통령은 겁내기는커녕 분기탱천했다. 번개처럼 달려들어 지팡이를 휙 들어올리더니 괴한의 머리를 향해 냅다 내리쳤다.

"꽥!"

지팡이는 괴한의 머리에 명중했다. 괴한이 비틀거리자 경호원들이 달려들어 체포했다. 대통령이 범인 체포의 일등공신이었다. 경찰 조사 결과 괴한은 32세의 로렌스Richard Lawrence. 정신착란 증세를 보이는 그는 페인트공으로 일하던 사람이었다. 최근 일거리가 사라진 게 대통령의 음모라는 둥 횡설수설했다. 미국 역사상 대통령이 암살공격을 받은 것은 그가 처음이었다.

결투로 소문난 총잡이를 잠재우다

싸움에 관한 한 잭슨 대통령은 일가견이 있었다. 대통령이 되기 전에도 툭하면 싸움판에 나서곤 했다. 그러다가 급기야 1806년 목숨을 건 한판 결투에서 디킨슨Charles Dickinson이라는 사람을 사살하기에 이르렀다. 발단은 이랬다.

잭슨이 테네시 주에서 변호사로 일할 때 하숙생활을 한 적이 있다. 그 당시 출가했던 주인집 딸 레이철Rachel Donelson Robards은 친정에 머물고 있었다. 남편이 걸핏하면 폭력을 휘둘렀기 때문이다. 잭슨과 레이철은 어느덧 눈이 맞았고, 얼마 뒤 결혼식도 올렸다. 잭슨은 레이철 부부가 이미 이혼한 상태이려니 생각했다. 하지만 나중에 알고 보니 웬걸? 아직 정식으로 이혼한 사이가 아니었다. 당시 이혼하지 않은 상태에서 다른 남자와 사는 것은 간음으로 여겨졌고, 굉장한 불명예로 간주됐다. 그래서 그들은 정식 이혼절차가 끝난 뒤 다시 한 번 결혼식을 올렸다. 하지만 그들이 이미 간음을 범했다는 소문은 파다하게 퍼져 있었다. 결혼한 지 11년 뒤인 1805년 한 경마장에서 잭슨과 디킨슨 간의 말싸움이 일었다. 그러다가 디킨슨이 잭슨의 아내에 대한 과거를 들춰냈다.

"잭슨, 이 악당 같은 녀석아!"

"뭐라고?"

"네놈이나 네 여편네나 한통속이지 뭐야. 이혼하기도 전에 동거를 했으니."

"뭣? 너 이놈! 그 주둥이를 내가 영원히 다물도록 해주겠다! 결투로 사생결단을 내자!"

당시는 결투 요구를 받고 결투에 나서지 못하는 건 비겁한 행동으로 낙인찍히던 시절이었다. 그 자리에서 즉각 결투가 결정됐다.

드디어 결투장. 잭슨과 디킨슨은 각기 허리춤에 권총을 차고 나타났다. 잭슨은 일부러 첫 방을 쏘지 않았다. 상대방은 그 일대에서 소문난 총잡이라 첫 방은 자신에게 명중될 게 불보듯 뻔했다. 따라서 차라리 첫 방은 그냥 순순히 맞아 주기로 작정했다. 대신 반격할 때 정조준 사격으로 상대방을 단 한 방에 죽여버릴 심산이었다. 결투장에서 첫 방을 쏜 사람은 상대방이 반격으로 한 방을 쏠 때까지 가만히 기다려야 한다는 게 불문율이었다.

"탕!"

역시 디킨슨은 명사수였다. 그가 쏜 총알은 잭슨의 심장 바로 옆 갈비뼈에 명중했다. 그리고 갈비뼈 두 개가 부러졌다.

"윽! 으으윽!"

잭슨은 반사적으로 몸을 비틀었다. 하지만 상대방을 기필코 쓰러뜨리고 말겠다며 이를 악물었다. 권총을 정조준해 디킨슨의 심장에 겨눴다. 디킨슨의 얼굴은 공포로 퍼렇게 질렸다. 가까이서 정조준해 발사하는 총알을 피할 재간이 없었기 때문이다. 그렇다고 도망쳤다간 평생 비겁자로 낙인찍힐 게 뻔했다. 결투 조건상 그대로 서서 상대방이 어서 총을 쏘기만을 기다리는 수밖에 도리가 없었다.

"철컥!"

불발이었다. 잭슨은 총알을 다시 장전했다. 불발하면 다시 한 번 쏠 권리가 있었다.

"탕!"

이번에는 제대로 발사됐다. 잭슨이 쏜 총알은 디킨슨의 갈

잭슨과 디킨슨의 결투 장면
© Peter de Sève, 1997

비뼈 바로 아래에 박혔다.

"으악! 으아악!"

디킨슨은 울부짖었다. 배에서 검붉은 피가 쏟아져 내렸다. 결국 그는 현장에서 출혈과다로 죽고 말았다. 상대방이 쓰러진 것을 확인한 잭슨은 갈비뼈를 움켜쥔 채 비틀거리며 결투 현장을 걸어나갔다. 하지만 그날 그의 몸 속에 박힌 총알은 그가 죽기까지 무려 39년간이나 그대로 지닌 채 살아가야 했다. 총알이 워낙 심장 가까이에 박혀버려 당시 의술로는 제거할 방법이 없었기 때문이다. 만일 잭슨이 지금도 살아 있다면 공항금속탐지기를 통과할 때 얼마나 요란한 소리가 날 것인가?

1815년 뉴올리언스 전투의 영웅

잭슨은 괄괄한 성격 탓에 목숨을 잃을 뻔한 적이 한두 번이 아니었다. 1780년, 그는 13살의 나이로 두 형제들과 함께 사우스캐롤라이나 주 민병대에 입대했다. 그러다가 영국군에 잡혀 옥살이를 하게 됐다. 어느 날 한 영국군 장교가 그에게 군화를 닦으라고 명령했다.

"반짝반짝하게 닦아 놔, 알았어?"

"당신 신발은 당신이 닦으세요."

"뭐라고, 이 자식이!"

영국군 장교는 차고 있던 장검을 뽑아 얼굴에 홱 내리쳤다.

"으악!"

잭슨은 팔을 들어 칼을 막으려 했다. 하지만 이마에서는 이미 일직선으로 선혈이 뿜어져 나왔다.

"자식! 죽이지 않은 걸 고맙게 생각해!"

영국군 장교는 이렇게 내뱉고는 뚜벅뚜벅 걸어나갔다. 그의 이마에는 평생 지울 수 없는 칼자국이 선명하게 남게 됐다.

이렇게 성질이 불 같은 잭슨이 미국 최고의 권좌에 올라앉을 수 있었던 이유는 뭘까? 그는 1815년 뉴올리언스 전투의 영웅이었다. 미국은 1812년부터 영국과 제2의 독립전쟁을 치르고 있었다. 1783년 파리강화조약으로 미국의 독립전쟁이 끝났는데, 왜 또 전쟁을 하냐고? 당시 영국은 유럽에서 프랑스의 나폴레옹과 힘겨운 싸움을 계속하고 있었다. 신생국가인 미국은 중립을 선언했다. 하지만 막강한 해군력으로 프랑스 해안을 봉쇄하고 있던 영국은 미국 항구까지 봉쇄하며 타격을 입혔다. 더구나 미국 선박들을 멋대로 수색해 탈주한 영국 수병들을 체포해 가거나, 미국 선원들을 강제로 끌고 가 영국 해군에 편입시키는 만행을 자행했다. 참다 못한 미국이 1812년 영국에 선전포고를 했다. 전쟁이 한창이던 1814년 8월, 영국군은 미국의 수도인 워싱턴에 쳐들어가 백악관에 불을 지르기도 했다. 다행히 2시간 동안 폭우가 쏟아져 백악관이 완전히 불타지는 않았지만, 백악관 재건작업은 3년이나 걸렸다. 엎치락뒤치락 싸우던 양측은 1814년 12월 말 벨기에의 젠트Ghent에서 강화조약을 맺었다. 하지만 강화조약이 체결됐다는 소식은 아직 북미의 전투지역에는 미치지 못하고 있었다.

전쟁이 이미 종결된 지 모르고 있던 잭슨 미국 육군소장은 5,000명의 병력을 거느리고 뉴올리언스로 떠났다. 이 병력은 프랑스 인들과 해적, 흑인, 민병대 등을 끌어들여 구성한 오합지졸이었다. 반면, 영국군은 유럽 식 전투훈련을 받은 8,700명의 정예군으로 편성돼 있었다. 정면 대결은 불리했다. 잭슨은 운하 뒤편에 쌓아 놓은 성벽에 병력을 배치시켜 놓고 영국군이 접근하기만을 기다렸다. 기습공격을 예상 못하고 전진하던 영국군은 대패했다. 무려 2,000명의 전사자를 남기고 후퇴했다. 그 당시 미국이 지상전에서 거둔 유일한 승리였다. 비록 엉성하게 싸워 이긴 승리이긴 했지만, 잭슨은 일약 미국의 전쟁 영웅으로 떠올라 얼마 뒤 대통령에도 당선됐다.

민주당의 상징 당나귀는 잭슨의 작품

전쟁 영웅 잭슨이 대통령에 당선돼 백악관에 입성하는 날, 백악관의 취임 축하 리셉션장은 아수라장으로 변했다. 수천 명의 군중이 잭슨을 연호하며 열광했기 때문이다. 잭슨은 리셉션장 뒷문을 열고 후닥닥 튀어버렸다.

잭슨은 조금만 심사가 뒤틀려도 침을 뱉는 습관이 있었다. 그래서 백악관 집무실 이곳저곳에 값비싼 타구를 들여다 놓았다. 물론 정부 예산으로 말이다. 일각에선 대통령의 침 뱉는 악습관을 위해 국민의 혈세를 낭비해서 되겠느냐는 비판이 일었다. 하지만 잭슨은 태연했다. 백악관 양탄자에 침을 뱉어 값비싼 양탄자를 망가뜨리는 것보다는 훨씬 더 낫지 않느냐는 것이었다.

그는 동물을 좋아해 백악관에서 온갖 애완동물을 키우기도 했다. 그의 장례식 때 애지중지하던 앵무새 한 마리는 온갖 욕설을 마구 지껄여댔다. 서당개 삼 년이면 풍월을 읊는다고. 역사가들은 이 앵무새가 평소 잭슨의 욕설을 익혔던 것으로 분석하고 있다!

잭슨이 미국 정치에 남긴 영원한 유산이 있다. 바로 민주당을 상징하는 동물 당나귀이다. 사연은 이렇다. 1828년 대통령 선거전 당시, 촌스럽고 완고한 잭슨을 상대 후보가 수탕나귀(jackass, 멍청이)라고 비아냥거렸다. 잭슨은 이를 역이용해 당나귀를 아예 민주당의 상징으로 정해버렸다! 당나귀는 의지가 강하고 총명한 동물이라는 뜻에서 말이다. 그 뒤 정치풍자 만화가인 내스트Thomas Nast가 신문에서 민주당을 당나귀로 묘사하면서 민주당의 상징으로 굳어졌다. 내스트는 공화당이 대선에서 참패하자 1877년 공화당을 상징하는 동물로 코끼리를 그렸다. 코끼리는 총명하지만 남에게 쉽게 조종당

한다는 의미에서였다.

＊결투의 기원은?

옛날 유럽에서는 신사들이 명예를 지킨다는 명목으로 툭하면 결투를 벌였다. 결투 끝에 사람을 죽여도 '살인을 저질렀다'라기보다는 '명예를 지켰다'라고 보는 시각이었다. 결투에는 두 가지가 있었다.

1) 사법적 결투 judicial duel

두 이웃 간에 시비가 붙었다 치자.

"네가 우리 집 염소를 훔쳐 갔다며?"

"뭐라고? 넌 정말 악질 거짓말쟁이구나!"

"네가 몰래 훔쳐 간 내 염소를 고아 먹는 걸 봤다는 사람도 있어!"

이럴 경우 시시비비를 어떻게 가릴 것인가? 로마시대 북쪽 변방에 살던 게르만 족들은 결투로 시비를 가렸다. 즉, 분쟁 당사자들이 재판관을 찾아가 호소하면 재판관은 결투 일자와 장소를 정해 주었고, 이 결투를 통해 이기는 사람이 옳은 것으로 여겼다. 설사 결투를 벌이다 패해 살아남는다 하더라도 재판에서 진 것으로 간주돼 처벌을 받아야 했다. 칼 솜씨 좋은 사람이 무조건 옳다는 소리니 약자는 늘 억울함을 감수해야 했다. 영국에서도 사법적 결투가 11세기쯤 정식으로 합법화돼 1819년까지 유효했다. 아일랜드와 프랑스에서도 역시 합법화되었다.

2) 명예를 지키기 위한 결투 duel of honor

15세기쯤부터는 결투가 법적 분쟁을 가리기 위해서라기보다는 명예를 지키기 위한 싸움으로 변질되기 시작했다. 사소한 일이나 모욕적인 발언에 울컥 화가 치밀어 결투를 벌이는 사람들이 많았다. 1777년 신사를 자처하는 아일랜드의 귀족들이 모여 결투 규범Code Duello을 만들었다. 이 결투 규범은 아일랜드와 영국에 널리 퍼졌고, 나중에는 미국 대륙에까지 건너갔다. 1838년 미국 사우스캐롤라이나 주지사였던 윌슨John Lyde Wilson은 결투 규범을 미국 식으로 손질해 통용되도록 했다. 왜냐하면 당시 미국인들은 총신 안에 강선이 없는데다 구경이 엄청나게 큰 권총을 사용했기 때문이다. 명중률이 낮은 엉터리였다.

＊미국 식 결투 규범은?

- 결투할 때 쓸 무기의 종류와 장소는 결투를 요청받은 사람이 결정한다. 결투를 요청한 사람은 결투 시의 거리(두 결투자 간의)를 결정할 권리를 갖는다.
- 결투장에서 '사격!' 소리가 나면 3초 내에 발사해야 한다. 3초 이상 상대방을 겨누어 발사하는 것은 비신사적인 행동이다.
- 상대방에게 총알을 각기 한 방씩 발사하고 나서 만일 상대방이 공식 사과를 하면 결투가 끝난다. 사과를 하지 않으면 다시 3방씩 교환한다. 3방씩 발사한 후에도 사과를 하지 않으면 상대방이 쓰러질 때까지 총을 발사한다.
- 결투장에 들어서자마자 사과하는 것은 용납되지 않는다. 최소한 각기 서로 1방씩 겨룬 뒤 사과할 기회가 주어진다.
- 결투 입회자들은 결투자들과 동등한 사회적 지위를 갖고 있어야 한다. 그래야 비상시 결투자 대신 결투를 벌일 수 있기 때문이다.

- 신사의 아내나 딸, 어머니에 대한 모욕은 신사 자신에 대한 모욕보다 더 치욕적인 것으로 간주된다. 이럴 경우 결투로 명예를 지켜야 한다.
- 결투장에서 권총 대신 검을 사용할 경우 피를 상당한 수준 흘리거나, 몸을 움직이지 못하게 되고, 무기를 빼앗길 때까지 싸워야 한다. 상처가 나서 피를 흘리더라도 사과하지 않는 한 결투는 계속된다.

03 에이브러햄 링컨

1809~1865.
미국의 16대 대통령.
남북전쟁을 승리로 이끌어 분단을 막고 노예를 해방시킴.

성질이 장난 아니었던 성질 대장

생사를 건 결투장에 서다

링컨의 키는 190cm로 역대 미국 대통령 중 최장신이었다. 아래 사진은 그가 결투장에서 사용했던 기병대 장검이다. 뭐, 결투장? 그렇다. 큰 키와 긴 팔에 길쭉한 장검을 들고 서 있는 링컨을 상상해 보라. 그는 힘도 장사였다. 아무리 간 큰 사람이라도 아마 간담이 서늘해질 것이다. 링컨은 왜 그런 위험한 짓을 했던 것일까?

1842년, 링컨이 일리노이 주의회 의원으로 꿈을 키워 가고

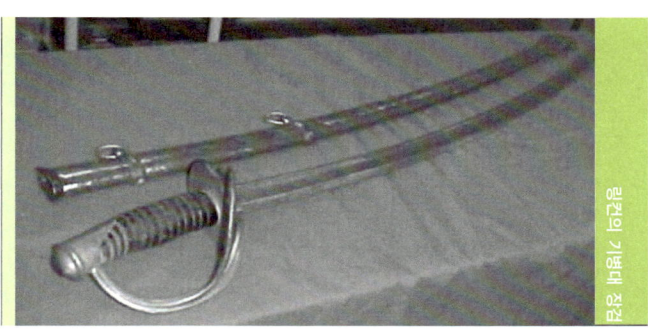

링컨의 기병대 장검

있을 때였다. 당시 일리노이 주 감사이자 검사인 제임스 쉴즈 James Shields가 엉뚱한 짓을 해 주민들의 원성을 사고 있었다. 세금을 전부 금과 은으로만 내라는 느닷없는 포고령을 내린 것이다. 링컨은 산가모 저널이라는 지방신문에 쉴즈를 조롱하는 기사를 '레베카'라는 가명으로 잇달아 투고했다. "쉴즈는 위선자, 바보, 거짓말쟁이다"라고 몰아붙였다. 거기까지는 그래도 참을 만했다. 아일랜드계인 쉴즈를 극도로 자극한 건 바로 이거였다. "네 나라로 돌아가라. 거기 가선 성공할지 모른다. 하지만 여기서는 절대 성공 못한다."

190cm의 장신이었던 링컨

쉴즈는 산가모 저널의 편집장을 다그쳐 '레베카'라는 가명의 투고자가 링컨이라는 사실을 알아냈다. 분기탱천한 쉴즈는 즉각 링컨에게 결투를 신청했다. 1839년부터 일리노이주에서는 결투가 금지돼 있었다. 하지만 결투 신청에 응하지 않으면 비겁자로 낙인찍히던 시절이었기 때문에 링컨은 영 내키지 않았지만 결투를 받아들일 수밖에 없었다. 더구나 당시 결투에 대한 인기가 높았으므로 피할 경우 링컨의 정치인생은 치명적인 타격을 받을 게 뻔했다. 결투 규범상 도전을 받은 사람이 결투에 쓰일 무기와 장소를 정할 권리가 있었다. 링컨은 기병이 쓰는 날이 길고 넓은 장검을 골랐다. 키가 크고 손이 유달리 긴 링컨 자신에게 유리하도록 말이다.

드디어 결투를 벌이는 날. 결투자들은 각기 3명의 입회인들을 데리고 미시시피 강을 건너 결투 장소로 갔다. 결투장에는 큰 버드나무 가지들이 휘휘 늘어져 있었다. 두 사람의 목숨은 거기서 생사가 갈릴 판이었다. 링컨은 장검으로 머리 위 높은 곳에 뻗어 있는 버드나무 가지 하나를 홱 내리쳤다. 나뭇가지가 싹둑 잘려 땅에 툭 떨어졌다. 이를 본 쉴즈는 간담이 서늘해졌다.

"앗, 내 모가지도 저 나뭇가지처럼 싹둑?"

더구나 링컨에 비해 키와 팔이 워낙 짧지 않나? 그가 겁에 질린 표정으로 주춤하자 양측 입회인들이 기회다 싶어 서로 화해하자고 제의했다. 그날 아침까지만 해도 살기가 등등하던 쉴즈도 얼른 꼬리를 내렸다. 결국 결투는 무산됐다. 링컨도 내심 혼쭐났다. 설사 자신이 결투에서 이긴다 해도 사람을 죽여 놓고 평생 발 쭉 뻗고 잠잘 수는 없을 것이다. 그때부터 그의 정적을 섣불리 비판하거나 풍자하는 버릇이 말끔히 사라졌다.

우울증을 악화시킨 불행한 결혼

링컨의 인생에 영향을 끼친 또 다른 획기적인 사건은 메리 토드Mary Todd와의 결혼이었다. 그녀와의 결혼생활은 그의 우울증을 더욱 악화시켰다. 그는 아내의 괄괄한 다혈질 성격에 늘 불안해하고 있었다.

1842년 11월 4일, 링컨의 결혼식 날. 그는 하숙집 방에서 구두를 닦은 뒤 옷을 챙겨 입고 있었다. 그때 하숙집 아들 버틀러Butler가 들어와 물었다.

"링컨 아저씨, 어디 가세요?"

"지옥 가는 거지 뭐To hell I reckon."

"지옥 가는 거지 뭐"라는 말은 링컨이 불안을 느낄 때 자주 쓰는 표현이었다. 결혼을 지옥으로 표현할 만큼 메리를 두려워하고 있었던 것이다. 그 날 저녁 결혼식에서 링컨의 얼굴은 창백했고, 손이 떨리기도 했다. 링컨의 친구였던 매스니James Matheny는 그가  마치 도살장에 끌려가는 소처럼 행동했다고 증언했다. 실제로 링컨이 메리에게 쓴 어느 편지에도 뜨거운 사랑을 담은 표현이 없다.

그럼 링컨은 사랑하지 않는 여자와 왜 결혼했을까? 그건 메리에 대한 동정심이나 사귀던 여자를 저버릴 수 없다는 양심의 가책 때문이었다. 깊은 사랑은 느끼지 못하는 결혼이었지만, 링컨은 암살당할 때까지 22년 간 동고동락했다. 단칸방 통나무집에서 태어난 링컨은 어릴 적부터 어려운 환경에 익숙해져 있었으므로 잘 견뎠을 것이란 분석이다. 반면 편안하게만 자란 메리는 결혼생활의 실상과 현실에 큰 충격을 받았다. 이는 나중에 그녀의 정신질환을 악화시키는 한 요인이 되었다.

부인은 장작개비로 링컨의 코를 때리고

그들의 결혼 생활 22년 내내 평탄한 날이 드물었다. 부인 메리는 걸핏하면 남들에게 쏘아붙였다. 특히 곁에 있는 남편이 가장 손쉬운 표적이었다. 링컨의 가장 큰 취미는 흔들의자에 앉아 옥수수 빵을 야금야금 뜯어먹으며 책을 읽는 것이었다. 어느 겨울날 메리가 링컨에게 말했다.

"여보, 벽난로가 꺼져 가요. 장작 좀 넣으세요."

"음? 음… 알았소…."

링컨은 책에 몰두한 채 건성으로 대답했다. 잠시 후 메리가 또 말했다.

"여보, 벽난로가 꺼져 간다구요."

"음? 음… 알았소…."

메리의 얼굴이 붉으락푸르락해지기 시작했다. 그것도 모른 채 링컨은 여전히 책에 몰두하고 있었다. 어, 요것 봐라. 메리가 드디어 씨근거리며 말했다.

"여보, 벽란로가 꺼져 가요!"

"음? 음… 그래… 그럴 수 있지…."

씨근거리던 메리의 얼굴이 더욱 벌겋게 달아올랐다. 메리는 후닥닥 밖으로 나가 장작개비를 들고 들어오더니 책에 빠져 있는 링컨의 코를 탁 쳤다.

"어이쿠!"

링컨이 책을 떨어뜨리고 코를 움켜쥐었다.

"아니, 여보! 이게 대체 무슨 짓이오?"

"내가 벽난로가 꺼져 간다고 몇 번이나 얘기했어요! 도대체 무슨 남자가 허구한 날 책만 보고 나자빠져 있단 말이에요!"

상황을 알아차린 링컨은 꾹 참을 수밖에. 전에 부인으로부터 뜨거운 커피 세례를 받고도 속으로 삭여 넘겼던 링컨 아닌가? 그때도 참았는데, 이 정도는 약과라 생각하며 꿀꺽 참아 넘기기로 했다. 하지만 코가 하도 욱신거려 눈물이 절로 핑 돌았다.

링컨이 진정으로 좋아했던 여인은 없었을까? 링컨이 한때 깊이 사랑에 빠졌던 앤Ann Rutledge이라는 여인은 젊어서 열병으로 숨졌다. 그런가 하면 그가 짝사랑했던 메리 오웬즈Mary Owens는 링컨의 청혼을 거절해버렸다. 그리고 보면 미국 역사상 가장 훌륭한 대통령이라는 링컨의 여복女福은 썩 좋지 못했던 것이다.

그렇다고 메리가 그의 우울증을 촉발시킨 가장 큰 원인이라고 단정하기는 어렵다. 그의 우울증 증세는 어린 시절로 거슬러 올라가기 때문이다. 그는 3세 때 여동생의 죽음을 지켜봐야 했다. 9세 때는 어머니가 오염된 우유를 마시고 숨졌다. 18세에는 또 다른 여동생이 죽었다. 1835년에는 약혼녀가 사망했다. 거기다 가난한 통나무 오두막집에서 태어나 못생긴 외모로 살아가야 한다는 열등감에도 시달렸다. 결혼하고 나서도 네 아들 중 셋이 일찍 세상을 떠났다. 성년이 될 때까지 살아남은 아들은 단 한 명뿐이었다. 그는 한 친구에게 보낸 편지에서 이렇게 적고 있다.

"난 지금 가장 비참한 인간이야. 앞으로 상황이 나아질지 알 수 없어. 아마 나아지지 않을 거야. 여하튼 현재로는 안 돼. 죽어버리든 나아지든 둘 중 한 가지야."

2004년 6월, 링컨 학자들은 그가 남기고 간 것으로 보이는 자살을 희구하는 편지를 발견했다고 발표하기도 했다. 남북전쟁이 치열하게 전개되면서 링컨은 밤잠을 설치는 일이 많아졌다. 우울증세가 발작하는 일도 더욱 빈번해졌다. 1862년,

그는 일기에 이렇게 적어 놓았다.

"만 명에 달하는 군인들의 혼령과 그들의 어머니들, 전쟁미망인들의 눈물이 날 괴롭히고 있어."

하지만 링컨은 남다른 의지의 소유자였다. 마음이 심하게 울적해지면 사람들을 만나 우스갯소리를 늘어놓고 호탕하게 웃어 버리곤 했다. 그는 변호사 시절 동업자였던 헌돈 William Herdon에게 이렇게 털어놓곤 했다.

"농담이라도 못한다면 난 죽을 거야. 우스갯소리야말로 내 우울함을 달래 주는 배출구인 셈이지."

1861년부터 1865년까지 계속된 남북전쟁 때 무려 60만 명에 달하는 미국의 젊은이들이 전쟁터에서 숨졌다. 전쟁의 참상은 링컨에게 뚜렷한 목적의식을 심어줬다. 우울함에 짓눌려 주저앉기보다는 반드시 전쟁에서 승리해야 한다는 생각이 갈수록 확고해졌다. 국가적 위기를 극복하기 위해 일에 파묻히다 보니, '내 개인적 곤경쯤이야.' 하는 자세가 자연스럽게 길러진 셈이다. 이렇게 링컨과 같은 위인들의 우울증은 가족들의 불행으로 촉발되는 경우가 많았다. 하지만 더 큰 국가적 위기나 불행을 이겨 내기 위한 과정에서 개인적 불행은 조용히 사그라지곤 했다.

메리의 낭비벽

메리는 백악관에 처음 입주해 벌어진 입을 다물지 못했다.

"세상에 웬 대통령 관저가 이 꼴일까? 망가진 가구, 뜯어진 벽지, 너덜너덜한 커튼… 어휴!"

사실 백악관의 11개 지하실에는 쥐까지 살판난 듯 찍찍거리며 돌아다니고 있었다. 그래서 메리는 백악관 보수비용으로 의회로부터 20,000달러의 예산을 책정받았다. 그녀는 입주 후 일 년 내내 뉴욕과 필라델피아를 뻔질나게 드나들었다. 낡은 백악관 집기들을 값비싼 프랑스제 벽지, 벨기에산 양탄자, 가구, 꽃병, 유리컵, 도자기 세트 등 새것으로 죄다 바꿔버렸다. 거기까진 좋았다. 나중에 요금청구서를 받아보고 눈이 휘둥그레졌다. 예산을 6,700달러나 초과한 것이 아닌가?

메리는 어쩔 줄 몰랐다. 링컨이 알면 난리가 날 테니 말이다. 그는 집안 일에는 너그러웠지만 나랏일에 대해서는 무척 엄격했던 것이다. 그래서 메리는 정부건물 관리담당관을 찾아가 눈물을 흘리며 호소했다.

"어떡하죠? 저희 남편한테 말 좀 잘해 줘요. 백악관 수리비가 생각보다 훨씬 비싸다고요."

"걱정 마십시오. 정부 예산이 초과되는 건 일쑤니까요."

"하지만, 남편이 워낙 고지식해서."

정부건물 담당관은 메리의 부탁대로 링컨을 찾아가 상황을 설명했다. 하지만 링컨은 예상대로 격노했다.

"그런 일은 절대 용납할 수 없습니다. 내 호주머니를 몽땅 털어서라도 우리 돈으로 낼 겁니다! 지금 군인들은 담요가 부족해 난린데 도자기 세트 값으로 정부 예산을 낭비하다니."

링컨은 완강하게 거부했지만 의회가 나중에 슬그머니 정부 예산으로 백악관 수리비 초과분을 지불했다. 물론 메리는 못 이기는 척 받아들였다.

남편이 암살당한 뒤 메리의 낭비벽은 더욱 심해졌다. 장갑 300켤레, 구두 40켤레를 사들였다. 당시로선 굉장한 사치였다 (현대판 쇼핑 중독자들과는 비교 금물! 마르코스 전 필리핀 대통령의 부인 이멜다 여사는 구두 1,500켤레, 핸드백 1,500개, 까만 브래지어 500개를 갖고 있었다. 세계 최고의 팝스타 마이클 잭슨은 하루 생활비가 최고 10,000달러를 훨씬 넘는다).

메리는 노년을 비극적으로 보냈다. 말년에는 정신이상자로 진단받아 요양원으로 들어가야 했다. 가족들의 잇단 죽음이 가장 큰 원인이었다. 우선 네 아들 중 세 아들이 명을 다하지 못하고 요절했다. 둘째 아들 에디Eddie는 세 살 때 죽고, 셋째 아들 윌리Willie는 링컨의 대통령 재임 중 11세로 사망했다. 막내아들 태드Robert도 18세에 세상을 떠났다. 첫째 아들 로버트Robert만 살아남아 어머니 메리가 정신병원에 입원하는 비극을 지켜봐야 했다. 윌리가 백악관에서 장티푸스로 사망했을 때 링컨 부부의 절망감은 극에 달했다. 메리는 신경쇠약증에 걸려 백악관에 심령술사들을 자주 불러들였다. 죽은 아들의 영혼을 만날 수 있다는 생각에서였다. 심한 우울증 증세에 빠진 링컨도 몇 차례 아내와 함께 심령술사들을 만났던 것으로 기록돼 있다.

＊링컨에 관한 진실과 속설

1) 링컨은 정말 게티즈버그 연설원고를 기차에서 편지봉투 뒷면에 끼적거렸을까?

천만에! 링컨은 만사를 치밀하게 준비하는 성격이었으며 워싱턴에서 게티즈버그로 떠나기 전부터 연설문을 준비해 놓았다. 연설 직전까지 연설문을 손질한 것은 사실이다. 하지만 당시 기차는 몹시 요동이 심했기 때문에 기차 안에서 연설문을 쓰기는 불가능했다.

2) 링컨은 어릴 때 정말 삽에 석탄을 연필 삼아 숙제를 했을까?

그렇다. 하지만 그런 경우는 드물었다. 링컨도 숙제할 때 대부분 종이와 펜을 사용했다.

3) 윌키스 부스Wilkes Booth가 링컨을 암살할 때 발사했던 총알은 정말

지금도 보관돼 있을까?

그렇다. 부스가 쏜 총알은 현재 워싱턴의 미국립 보건의학 박물관 National Museum of Health and Medicine에 보관돼 있다. 링컨의 부서진 두개골과 함께!

4) 링컨은 정말 어쩔 수 없이 노예 해방을 선언한 것일까?

링컨은 원래 노예제도 찬성론자였다거나, 심지어 노예를 갖고 있었다는 등의 속설이 난무한다. 하지만 그는 노예를 소유한 적이 없으며, 대통령에 당선되기 훨씬 전인 1858년 일찍이 "난 항상 노예제도를 증오해 왔다I have always hated slavery"고 기록돼 있다.

물론 그가 대통령으로서 처음부터 적극적으로 노예제도 폐지를 추진했던 건 아니다. 남북전쟁 발발 1년 후인 1862년 9월에야 남부지역에 노예해방을 선언하겠다는 경고문을 발표했다. "1863년 1월 1일까지 남부 주들이 연방에 복귀하지 않으면 공식으로 노예해방을 선언하겠다"는 내용이었다. 시한이 다 됐는데도 남부 주들이 연방 복귀를 거부하자 링컨은 1863년 1월 1일 아침 드디어 노예해방선언문Emancipation Proclamation에 서명함으로써 즉각 발효됐다. 결국 링컨은 처음부터 노예제도 폐지를 위해 적극적으로 나선 건 아니지만, 전쟁을 하다 보니 자연스럽게 노예해방의 결실이 맺어지게 됐던 것이다.

*남북전쟁 때 왜 60만 명이나 죽었을까?

남북전쟁을 그린 영화를 보면 군인들은 아무리 총알이 날아와도 뻣뻣하게 서서 전진하다가 죽는다. 이는 유럽 기사도정신chivalry의 유산이었다. 총알이 내 심장을 겨누며 날아오더라도 절대로 몸을 굽히거나, 피하면 비겁한 짓이었다! 당시의 군부대는 대부분 같은 마을 사람들로 구성돼 있어서 비겁한 행동을 하면 즉각 고향에 소문이 쫙 퍼지기 마련이었다. 총알에 맞아 죽더라도 허리를 꼿꼿하게 펴고 당당하게 싸우다 죽으면 마을 사람들로부터 용감한 사람이었다는 칭송을 듣지만, 총알을 피하려 요리조리 몸을 피하다 살아남으면 비겁한 사람으로 낙인찍혔다. 남북전쟁 때 무려 60만 명의 젊은이들이 목숨을 잃은 이유 가운데 하나도 바로 이 때문이었다.

지금까지 미국이 참여했던 어떤 전쟁보다도 남북전쟁은 가장 많은 미국인 전사자를 냈다. 비행기와 탱크, 기관총 등 대량살상무기가 처음 등장했던 1차 세계대전 때 116,000명, 2차 세계대전 때 405,000명, 한국전 때 54,000명, 베트남전 때 58,000명의 미군이 전사한 것과 비교하면 남북전쟁 당시의 기사도정신이 얼마나 무모한 것이었는가 실감이 간다.

남북전쟁의 폐해

04 테어도어 루즈벨트

1858~1919.
미국의 제26대 대통령. 파나마운하 건설 개시. 러일전쟁 중재로 노벨 평화상 수상.

총 맞고도 연설 강행한 쇼맨십 대장

권투 실력 과시하다 시력 상실

루즈벨트 대통령이 권투 글러브를 끼고 있는 이 만화는 한낱 풍자만화에 불과한 것일까? 아니다. 그는 실제로 백악관에서 직접 권투를 즐겼다. 왕년에 배운 권투실력을 뽐내기 위해서였다. 그러다가 한번 큰 코를 다친 적도 있었다. 1904년, 젊은 육군장교와 백악관에서 권투를 하다가 눈에 직격탄을 맞은 것이다.

"퍽!"

"어이쿠!"

"앗! 괜찮으십니까, 각하?"

"상관없어! 계속해! 뭐 이런 것쯤이야."

복싱을 계속하면서 루즈벨트의 왼

쪽 눈은 시뻘겋게 변해갔다. 그래도 그는 의사를 부르지 않았다. 자신의 패배나 약점을 드러내기 극도로 꺼리는 성격 때문이었다. 4년 뒤 의사가 그의 시력을 테스트해 보고 깜짝 놀랐다. 젊은 육군장교에게 얻어맞은 왼쪽 눈의 시력이 완전히 상실됐던 것이다.

"각하! 왼쪽 눈 보이십니까? 시력이 전혀 나오지 않는데요?"

"뭐라고? 아, 그래서 시야가 불편했었구만. 여하튼 자네만 알고 있게."

그가 왼쪽 눈의 시력을 상실했다는 사실은 극비에 붙여졌다.

마치 람보처럼 우락부락하고 강인해 보였던 루즈벨트 대통령. 그는 실제로 강인했다. 그는 복싱선수들

루즈벨트 초상

말고도 일본의 스모 선수들이나 레슬링 선수들을 백악관에 초청해 웃통을 벗어젖힌 채 체력을 과시하곤 했다. 과시욕도 워낙 강해 그런 장면은 사진사를 불러 반드시 찍도록 했다. 강한 지도자란 이미지를 풍기기 위해서였다.

사실 루즈벨트의 체력은 후천적인 것이었다. 그는 태어날 때부터 구제불능의 약골이었다. 천식이 워낙 심해 취침할 때 스스로 촛불도 끄지 못할 정도였다. 주변 사람들은 그가 네 돌을 넘기기 어려울 것으로 보았다. 밤이면 밤마다 금방 숨이 넘어갈 듯 쌕쌕거렸다. 이러다가 혹시 다음 날 아침에는 못 깨어나는 건 아닌지. 부모는 애간장이 탔다. 천식이 발작하면 루즈벨트는 새파랗게 질린 채 숨 가빠했다. 그럴 때마다 옆방에서 잠자던 아버지가 나타났다. 무조건 아들을 들쳐업고 나갔다. 그리고는 당시 자가용으로 쓰이던 사륜마차에 태웠다.

"이럇!"

아들을 품 안에 안은 채 긴 회초리로 말의 등을 휘갈겼다. 마차가 뉴욕의 밤거리를 달렸다. 인적 없는 거리의 맑은 공기라도 들이마시면 아들의 발작이 멈추겠지. 발작이 멈추면 적어도 내일 아침까지는 살아 있겠지…. 다급한 아버지는 이런 실낱 같은 희망에 매달렸다. 훗날 루즈벨트는 이렇게 술회했다.

"아버지가 날 안고 있으면 난 숨을 쉴 수 있었죠. 아버지는 꺼져 가는 내 생명에 호흡을 불어넣어 주곤 했어요."

어느 날 저녁 아버지는 부자 친구들을 집으로 초청했다. 친구들이 들어오자 부엌문을 열었다. 순간 친구들의 얼굴은 마치 겁에 질린 듯 굳어졌다. 누더기를 걸친 장애자들이 식탁에 둘러앉아 있었던 것이다!

"여보게들, 놀라지 말게. 자네들은 돈이 많지 않나. 이 아이들을 조금씩만 도와주기로 하세."

아버지는 뉴욕에서 존경받는 기업인이었다. 불우한 아이들을 위해서는 물불을 가리지 않고 도와주려 애썼다. 루즈벨트에게 아버지는 인생의 길잡이이자 존경의 대상이었다.

천식 이겨 내려 미친 듯 운동

학교 갈 나이가 돼서도 루즈벨트의 천식 증세는 가라앉지 않았다. 절박한 부모는 용하다는 의사들이 추천하는 방법은 모두 써 봤다. 토하는 약을 먹이기도 하고, 쓰디쓴 블랙커피를 마시게 하기도 했다. 강제로 담배를 피우도록 하기도 했다. 아버지가 루즈벨트의 가슴을 너무나 쓸어내려 루즈벨트가 피를 토한 적도 있었다. 11세 때 아버지가 그를 따로 불러 말했다.

"애야, 넌 머리도 좋고 착하기도 한데 몸이 약해서 탈이구나. 강한 몸을 만들어 보지 않으렴?"

"노력한다고 될까요? 천식이 이렇게 심한데요?"

"세상에 노력해서 안 되는 일은 없단다. 운동을 열심히 해서 목이 굵어지고 가슴이 넓어지게 해 봐. 그럼 호흡도 문제될 게 없지."

그때부터 루즈벨트는 매일 하루도 빠짐없이 몇 시간씩 운동에 매달렸다. 아버지는 복싱코치를 고용하기도 했다. 여름이면 산으로 장거리 캠핑을 떠나기도 했다. 루즈벨트는 학교를 다니지도 못했다. 워낙 천식이 심해 언제 발작할지 몰랐기 때문이었다. 대신 가정교사 밑에서 공부했다. 이렇게 열심히 운동한 덕분에 그는 정말 목이 굵어지고 가슴이 쩍 벌어졌다. 숨 쉬기가 수월해지면서 발작증세도 많이 가라앉았다. 17세 때 처음으로 부모 곁을 떠나 최고 명문 하버드 대학에 입학했다. 아들이 탄 기차를 떠나보내는 아버지의 가슴에는 큰 구멍이 뚫렸다. 그는 아들에게 보낸 편지에서 이렇게 썼다.

"널 태운 기차가 사라지면서 난 깨달았단다. 내가 그토록 아끼고 신뢰하던 아들이 곁에 있던 순간들이 얼마나 큰 사치였는지… 무엇보다 옳게 살도록 노력해라. 그다음에는 건강을 챙기고, 마지막으로 공부를 챙겨라."

그토록 그를 사랑하던 아버지는 루즈벨트가 대학 2학년 때 위암으로 세상을 떠났다. 당시 46세의 젊은 나이였다. 극도의 슬픔과 절망감이 루즈벨트를 짓눌렀다. 아무리 깊은 잠 속에서도 아들이 기침 한 번 할 때마다 벌떡 일어나 가슴을 쓸어주시던 아버지였다. 얼마 후 그는 정신을 추슬러 나가기 시작했다.

"아버지가 살아 계시다면 뭐라고 하실까? 주저앉지 말고 더 힘을 내라고 하시겠지?"

그는 슬픔이 짓누를 때마다 미친 듯이 뛰어다녔다. 산에 오르고 사냥을 하고 수영을 하고 복싱과 레슬링을 했다. 침울해지고 기운이 없다고 느낄 때면 무조건 밖에 나가 뛰어다니라 했던 아버지의 말이 생각났기 때문이다. 루즈벨트는 학교에 다니면서도 매일 오후 무려 13km씩 마구 걸었다. 학교수업이 있는 날에는 강의실과 강의실 사이를 걷지 않고 뛰어다녔다.

그는 대통령이 된 뒤에도 어려운 결정이 닥치면 늘 아버지를 떠올렸다. 그는 누이동생에게 이렇게 털어놓곤 했다.

"난 대통령이 된 뒤 중요한 일을 결정할 때 아버지를 생각하지 않은 적이 없어. 아버지라면 이럴 때 어떤 결정을 내렸을까? 이런 생각을 하면 결정하기가 쉬웠거든."

총알 맞고도 1시간 반 동안 연설!

그가 대통령이 된 것도 사실은 우연이었다. 1900년 대통령 후보인 윌리엄 맥킨리William McKinley의 부통령 후보로 출마해 당선된 이듬해 맥킨리 대통령이 암살당했던 것이다. 암살범은 무정부주의자였다. 루즈벨트는 첫 임기 중 강인하고 서민적인 이미지를 풍겨 인기가 높았다. 그래서 1904년 재선에 성공했다. 1906년에는 러일전쟁의 종식을 중재한 공로로 노벨 평화상도 받았다.

하지만 권좌에 앉아 있다 보면 과욕이 생기는 법. 1908년 임기를 마친 뒤 몇 년 쉬다가 1912년 다시 대선에 도전했다. 3선을 노린 것이다. 그러다가 급기야 정신이상자의 총격을 받았다. 그는 가슴에 총알이 박힌 채 무려 1시간 반 동안이나 연설을 한 뒤 병원에 실려가 세계적인 화제가 되기도 했다. 어떻게 그런 일이?

루즈벨트를 쏜 슈랭크John Schrank는 뉴욕에서 술집을 운영하는 사람이었다. 하지만 그는 약간 정신이 오락가락했다. 사건이 일어나기 몇 달 전 그는 밤늦게 집에서 시를 쓰고 있었다. 그런데 누가 그의 어깨를 툭 쳤다. 고개를 돌려보니 10여 년 전 암살됐던 맥킨리 대통령의 유령이었다. 그 유령은 으스스한 음성으로 이렇게 말하는 것이 아닌가?

"살인자를 대통령 자리에 앉아 있도록 내버려 두지 마라. 날 죽인 건 부통령이었던 루즈벨트였다. 내 억울한 죽음을 복수해다오."

슈랭크는 감격했다. 죽은 대통령이 자신에게 그런 막중한 임무를 맡기다니. 그는 곧 38구경 권총을 챙겨 뉴욕을 떠났다. 대통령을 세 번이나 해 먹으려는 놈은 어쨌든 죽어야 마땅하지. 루즈벨트는 여하튼 나쁜 놈이라고 생각했다.

슈랭크는 루즈벨트가 유세하는 곳을 따라 이리저리 돌아다녔다. 시카고에서 이틀을 허비한 뒤 마침내 밀워키에 도착했다. 그가 호텔에 투숙해 잠을 자고 있을 때였다. 맥킨리 전 대통령이 꿈에 또 나타났다. 맥킨리는 관 속에 앉아 있었다. 그는 손가락으로 승려복 차림의 루즈벨트를 가리키며 말했다.

"쟤가 날 죽였어. 내 죽음을 꼭 복수해다오."

그는 더 이상 의심의 여지가 없다고 생각했다. 전직 대통령이 두 번이나 꿈에 나타나 복수를 호소하다니. 하늘이 내린 계시가 아니고 무엇이랴. 전직 대통령의 억울한 영혼을 하루바삐 달래줘야 한다는 강한 사명감에 사로잡혔다.

1912년 10월 14일, 루즈벨트는 밀워키의 질패트릭 호텔 Hotel Gilpatrick에서 측근들과 저녁 식사를 마친 뒤 호텔을 나서려는 참이었다. 슈랭크는 밖에 세워진 루즈벨트의 유세 차량 바로 옆에서 기다리고 있었다. 드디어 루즈벨트가 유세차에 올라섰다. 그가 군중들에게 손을 흔드는 순간, 슈랭크는 그의 머리를 향해 방아쇠를 당겼다.

"탕!"

총이 발사되는 순간 한 관중이 슈랭크의 팔을 낚아채 비틀었다. 경찰도 달려왔다. 총탄에 맞은 충격으로 루즈벨트의 몸은 뒤로 휘청했다. 가슴팍이 붉은빛으로 홍건하게 물들었다. 루즈벨트는 미국과 스페인 간 전쟁의 영웅이었다. 얼른 헛기침을 해 보았다. 입에서 피가 나오지 않았다. 내부장기가 무사하다는 뜻이었다.

"각하! 어서 병원으로 가시죠! 피가 나옵니다!"

"무슨 허튼 소리? 연설장소로 가지!"

"그래도 권총을 맞았는데."

루즈벨트는 막무가내였다. 유세차는 부상한 루즈벨트를 싣고 세 블록이나 떨어진 밀워키 강당으로 갔다.

연설원고 덕에 목숨 건져

강당에 도착한 루즈벨트는 양복조끼 주머니에서 원고를 꺼내 들었다. 피로 물들었다. 그가 목숨을 건진 것은 원고 덕분이었다. 50쪽이나 되는 연설원고를 반으로 접어 호주머니에 넣어 뒀는데, 총알이 하필 원고에 맞은 것이다. 총알은 원고를 꿰뚫고 안경집을 비껴갔다. 이렇게 비껴간 총알은 오른쪽 젖꼭지 부근의 피부를 뚫고 가슴에 박혀 있었다. 장문의 연설원고와 안경집이 그의 목숨을 구해 준 셈이었다! 루즈벨트는 양복 상의를 열어젖힌 채 피가 흥건한 와이셔츠를 군중들에게 보여 줬다. 구멍 뚫린 연설원고를 높이 들고 외쳤다.

"총알 하나로 날 죽이려 하다니! 죽기 아니면 살기로 오늘 연설을 끝낼 겁니다!"

관중들은 열광했다. 그는 준비해 온 90분간의 연설을 계획대로 마쳤다. 연설하면서 몸이 후들후들 떨리고 몇 차례 기절할 뻔하기도 했다.

드디어 연설이 끝나고 루즈벨트는 병원에 실려갔다. 총알과 폐의 간격은 1mm. 말 그대로 간발의 차였다. 조금만 더 꿰뚫고 들어갔으면 폐에 박혔을 것이다. 그의 가슴을 본 의사들은 혀를 찼다. 그처럼 단단하고 두껍게 생긴 가슴은 난생처음이었던 것이다. 그가 평소 얼마나 열심히 운동을 했는지 한눈에 드러났다. 병원에서 8일간 입원해 치료를 받았다. 하지만 총알을 제거하지는 못했다. 상처가 이미 아물었기 때문에 제거 수술을 받지 않는 게 더 건강에 나을 것이란 판단이었다. 그래서 그는 총알이 박힌 몸으로 여생을 지냈다. 언론들은 루즈벨트의 용맹을 대서특필했다. 하지만 선거일이 불과 며칠 남지 않은 시점에 총격을 당함으로써 졸지에 유세를 중단하게 됐다. 이로써 그의 3선의 꿈도 물거품이 되고 말았다.

루즈벨트는 재임 당시부터 총격을 받으면 즉각 응사해 저격범을 사살해버릴 것이라고 호언장담했었다. 그래서 재임 중 자주 양복 안쪽에 권총을 넣고 다녔다. 하지만 정작 슈랭크로부터 총격을 당한 순간에는 권총을 갖고 있지 않았다. 그리고 보면 루즈벨트는 총알과 인연이 깊은 정치인이었다. 맥킨리 대통령이 총알에 맞아 사망함으로써 부통령인 자신이 대통령직을 승계하게 됐고, 10여 년 뒤 결정적인 순간에 총알에 맞음으로써 대통령에 당선될 기회를 놓치게 됐던 것이다.

그는 이처럼 위기에 처하거나 군중들 앞에 서면 온 천하를 얻은 듯 자신감이 철철 넘쳤다. 몸에 총알이 박혀도 두려움은커녕 영웅심리로 부풀어올랐다. 평소에도 대체로 호탕한 성격에 우렁찬 목소리로 대화를 주도해 나갔다. 하지만 그의 내면 세계는 딴판이었다. 혼자 있을 땐 몹시 우울해졌고, 말을 단 한마디도 하지 않고 지내는 경우도 많았다. 미국의 저명한 정신과 의사인 케이 재미슨Kay Jamison 박사는 2002년 전미 우울증 회의에서, 루즈벨트 대통령 집안에는 조울증 등 정신질환의 피가 흐르고 있다고 밝혔다. 그의 아들은 정신병으로 자살했고, 남동생 역시 정신질환으로 입원치료를 받았으며, 그 자신도 조울증 환자였다고 진단했다.

✽ 파나마 운하건설 밀어붙여 봐!
루즈벨트는 특유의 뚝심으로 파나마 운하건설을 재개했다. 파나마 운하는 원래 이집트의 수에즈 운하건설에 성공한 프랑스의 레셉Ferdinand de

Lesseps이 1880년 국제회사를 설립해 건설하기 시작했던 것이다. 하지만 폭발사고와 열대병 등으로 2만 2천여 명의 인부들이 죽고, 불법자금 스캔들까지 터져 나왔다. 결국 1889년 불과 33km 가량의 공사를 끝낸 상태에서 파산을 선언했다. 레셉은 운하건설 자산을 모두 미국에 4천 달러에 팔아넘겼다. 운하건설을 본격 추진한 것은 루즈벨트였다. 그는 콜롬비아 정부가 운하건설에 비협조적으로 나오자 몰래 파나마 지역의 독립운동을 지원하는 한편, 미국 군함까지 동원해 파나마공화국을 탄생시켰다. 그리고는 신생 파나마공화국과 조약을 맺어 프랑스가 포기했던 운하건설을 1904년 재개했다. 총길이 81km의 파나마 운하는 1914년에 완공됐다. 1880년부터 1914년까지의 건설 기간 중 8만 명 이상의 인부가 동원됐으며, 이중 약 3만 명이 목숨을 잃었다.

＊아기 곰 인형을 '테디 베어'로 부르는 이유?

테어도어 루즈벨트 대통령이 측근들과 함께 미시시피 주로 사냥을 하러 간 적이 있다. 몇 시간을 누비고 다녔지만 야생동물이 나타나지 않았다. 그러다가 마침내 곰 한 마리가 눈에 띄었다. 추적해 보니 아기 곰이었다. 사냥터의 안내원이 루즈벨트에게 소리쳤다.
"각하, 얼른 쏘시죠! 그럼 오늘 사냥트로피는 각하가 타시게 됩니다!"
하지만 루즈벨트는 겨누던 총구를 내리며 제지했다.
"잠깐! 아무도 쏘지 말게! 아기 곰 아닌가?"
함께 따라나섰던 백악관 출입기자들은 그 소식을 대대적으로 보도했다. 사냥터에서 아기 곰의 생명을 지켜 준 대통령이 얼마나 인정도 많고 인간적이냐는 둥. 한 유명한 만화가는 '테디'(테어도어 루즈벨트의 애칭)가 아기 곰의 목숨을 구해 준 장면을 만화로 그렸다. 그것을 본 뉴욕의 한 장난감업체가 잽싸게 상혼을 발휘해 아기 곰 박제인형을 내놓았다. 이름도 '테디 베어 Teddy Bear'라 지었다. '테디 베어' 인형은 미국을 비롯해 전 세계에 수백만 개씩 불티나게 팔려 나갔다. 지금도 아기 곰 인형은 '테디 베어'라 부르고 있다.

테디 베어

* 미국의 3선 금지헌법

1951년 통과된 수정헌법 제22조는 미국 대통령의 임기를 4년으로 하되 딱 한 번만 연임할 수 있도록 규정하고 있다. 하지만 1787년의 최초 헌법에는 대통령 임기 조항이 없었다. 초대 대통령 조지 워싱턴은 1789년부터 2회 연속 재임했다. 그후 어떤 미국 대통령도 2회 재임 관례를 어기려 하지 않았다. 그러나 프랭클린 루즈벨트가 강한 반대 여론에도 불구하고 1940년 3선에 성공해 전통은 깨지고 말았다. 루즈벨트가 2차 대전을 명분으로 44년 4선에 성공하자 미국은 거센 논란에 휘말렸고, 결국 1951년 헌법개정을 통해 대통령 3선 금지를 명문화하기에 이르렀다

에필로그

"모든 역사는 가십이다."
미국의 존 F. 케네디 전 대통령이 한 말이다. 가십gossip이란 사람들이 확실한 근거 없이 늘어놓은 뒷말이나 잡담이다. 동서고금을 막론하고 잡담을 즐기는 것은 사람의 본능에 가까운 행위다. 인기 연예인들에 대해 잡담을 쏟아 내는 청소년들을 보라! 스포츠 신문이나 주간지 등을 보고 새로운 '정보'를 물어 온 아이는 어깨를 으쓱거리며 자랑스럽게 정보를 털어놓는다. 듣는 아이들은 귀를 쫑긋 세우고 경청하며 '지적 욕구'를 채운다. 옛날에는 왕이나 여왕, 왕자, 공주, 유명한 음악가나 미술가, 과학자 등이 가십의 가장 인기 있는 대상이었을 것이다. 역사란 이런 가십 가운데 그럴싸한 부분을 정리해 기록해 놓은 것에 불과하다는 게 케네디 전 대통령의 말이다.

위인들에 관해 쏟아져 나온 숱한 자료들을 들춰 보면서 나도 '역사는 가십이다' 라는 말을 다시 한 번 실감했다. 가십은 오랜 세월을 두고 입에서 입으로, 혹은 책에서 책으로 퍼지면서 새로운 가십을 낳았다. 예를 들어 미국의 국부인 조지 워싱턴이 손도끼로 벚나무를 쓰러뜨렸다는 일화를 보자. 수백 년 전 한 전기 작가가 지어낸 '일화'를 오랫동안 전 세계의 많은 사람들이 사실인 양 배워 오지 않았나? 또 링컨이 기차에서 게티즈버그 연설 원고를 편지 봉투에 끼적거렸다 등등 가십으로 퍼진 헛소문에 불과하다.

나는 이 책이 또 하나의 가십이 되지 않도록 최선을 다했다. 그래서 어느 한 가지 자료나 한 권의 책만을 근거로 하지 않았다. 최대한 다양한 자료를 구해 읽어 보고 그 가운데 과학적으로 고증된 내용을 우선시했다. 다행히 우리가 사는 21세기에는 인터넷이라는 사실상 무궁무진한 지식의 창고가 있다. 영어 인터넷을 통해 가장 신뢰할 만한 박물관이나 대학교, 연구소 사이트, 뉴스를 훑어가며 최신 자료를 최대한 활용했다. 특히 고증자료가 많은 박물관 자료를 집중적으로 이용해 가십을 불식시키기는 데 최선을 다했다. 나는 언론사 기자로서 20년을 지내면서 국제 문제와 세계사에 늘 관심을 가져왔고, 실제로 그 분야에서 대부분의 기자생활을 보냈다. 아마 내가 이 책을 쓰기 위해 읽어 본 자료는 족히 수만 페이지에 달하지 않을까?

나는 이 책이 가장 믿을 만한, 최신의 내용을 갖추고 있다고 자부한다. 그만큼 땀을 흘렸기 때문이다. 나폴레옹 독살설을 예로 들어보자. 그가 자연사한 게 아니라 영국에 의해 독살됐다고 주장하는 책들이 한 세기가 훨씬 넘는 기간 동안 수도 없이 쏟아져 나왔다. 하지만 2002년 그 주장은 과학적으로 허위라는 사실이 입증됐다. 프랑스 경찰이 나폴레옹의 머리카락을 분석한 결과였다. 아인슈타인이 바람둥이였다는 사실도 그가 주고받은 연애편지를 통해 입증되고 있다. 그렇다고 사실만을 나열한 세계사 책만큼 지루한 것도 없을 것이다.

역사책은 재미있어야 읽을거리가 된다. 역사를 바꾼 위인들의 숨겨진 뒷이야기를 슬쩍 들춰 보면서 세계사의 흐름을 이해할 수 있기를 기대한다.

저자소개

김상운

현재 MBC 보도국 국제 전문기자. 토요일 아침에 방영되는 〈지구촌 리포트〉 제작 및 앵커를 맡고 있다. 2001년 아프가니스탄 전쟁과 2003년 이라크 전쟁 때 CNN 동시통역을 도맡아 했다. 한국외국어대 동시통역대학원 영어과를 졸업한 뒤 MBC에 기자로 입사, 국제부, 경제부, 정치부, 편집부를 거쳐 뉴스 앵커, 워싱턴 특파원을 역임했다. 기자생활 중 2년간 보스턴 대학원에 연수, 국제정치학, 커뮤니케이션을 복수전공해 석사학위를 받았다. 졸업 시 「유럽주둔 미군철수방안」은 최우수 논문으로 통과되기도 했다. 평소 세계사, 건강상식 등에 관심이 많다. 저서로 『내 몸을 망가뜨리는 건강상식사전』, 『아빠와 함께 영어를-50단어로 우리 아이 영어책벌레 만들기』, 『30대 영어혁명』, 『세상은 돈 잘 버는 아줌마를 원한다』 등이 있다.